UNE POUSSIÈRE DANS L'MOTEUR

Anny DAPREY

Éditions ART ET COMÉDIE
3, rue de Marivaux
75002 PARIS

NOTE DE L'AUTEUR

Tout d'abord comédienne amateur dans une troupe locale, je suis passée « à l'acte » en proposant une première pièce à la troupe, puis d'autres… L'accueil du public m'a encouragée à continuer, et a développé mon plaisir d'écrire.

Anny Daprey

PERSONNAGES

BRUNO COQUILLOT, dit « Nono » : homme entre 45 et 60 ans, garagiste à son compte, donc profondément « honnête » !

MADELEINE COQUILLOT, dite « Mado » : son épouse, secrétaire du garage.

LAURENT COQUILLOT : fils du couple, entre 20 et 30 ans, sorte de « Tanguy ». Au chômage, pas motivé mais obligé de travailler au garage en attendant qu'un emploi (particulier !) lui tombe soudainement dessus.

MATHILDE : secrétaire intérimaire envoyée pour remplacer Madeleine Coquillot une journée. Bavarde et gaffeuse. Entre 20 et 35 ans.

MME GRIXYSTZWICK : une cliente qui se croit maligne. 30-40 ans.

M. FLAGORNET : un fidèle client du garage qui rapporte bien. Au moins 50 ans.

MME DELAHOUSTE : une cliente… spéciale ? Entre 30 et 45 ans.

DÉCOR

Espace d'accueil attenant au garage. Ambiance « mécano » : bureau ou comptoir, téléphone, agenda, machine à café. On peut également trouver des pneus en vente dans un coin, des étagères avec des bidons d'huile, des posters publicitaires de voitures…

Trois portes vitrées : une porte d'entrée, une porte menant à l'atelier, une autre pour aller côté appartement. S'il est trop compliqué d'avoir des portes vitrées, préférer éventuellement une absence de porte (surtout entrée et atelier).

ACTE I

La scène est vide. On entend soudain le téléphone. Un homme surgit par une porte, en bleu de travail et les mains pleines de cambouis. Il décroche et, sans le vouloir, enduit le téléphone de cambouis tout le long de la conversation.

BRUNO. – Garage du Virage, j'écoute… Oui. Bonjour, madame… Oui… Une vidange? C'est quoi votre voiture, ma p'tite dame?… Hein?… Une Peugeot? Oui, mais une Peugeot quoi?… Twingo, vous dites? Mais c'est pas une Peugeot ça, madame, c'est une Renault!… Oui, apportez-la ce matin, je vais voir ça… Il faut changer le filtre?… *(Plus fort.)* Le filtre!… Bon, laissez tomber, je verrai moi-même… *(Entre ses dents.)* Oh là là! Les bonnes femmes… *(Au téléphone.)* À dix heures, ça vous va?… Et votre nom c'est… « Passimple »? « P », « a », deux « s »… Comment?… Ah! d'accord! Pardon, allez-y, épelez-moi, alors… « Épelez », pas « rappelez »! *(Pour lui-même.)* Encore une blonde… *(Au téléphone.)* « G-r-i-x-y-s-t-z-i-w-c-k »… Eh ben, dites-moi, vous n'êtes pas de chez nous, vous, hein! Vous prononcez ça comment?… Ah ouais! On dirait qu'il y a un problème sur la ligne quand vous dites votre nom!… Non, mais je plaisante, hein, madame Gr… xkig… *(Entrée de Madeleine qui se fige soudain, et le regarde en se demandant ce qu'il lui arrive.)*… kkx… kwys… krzz…

MADELEINE. – Pourquoi tu crachotes dans le téléphone ?

BRUNO, *au téléphone*. – Grz… kkr… Bon, ben à tout à l'heure. *(Il raccroche.)*

MADELEINE. – Qu'est-ce qui t'arrive ?

BRUNO. – Une cliente avec un nom imprononçable ! Regarde !

MADELEINE. – « Grix-sys-tzick » ? Nom d'un chien !

BRUNO. – Ah non ! J'crois pas ! La prochaine fois que tu rencontres un chien qui s'appelle comme ça, tu me fais signe !

MADELEINE. – La nouvelle secrétaire remplaçante n'est pas arrivée ?

BRUNO, *pince-sans-rire*. – Si, je l'ai cachée dans le tiroir… Oh ! Mado, tu vois bien que non ! En tout cas, j'espère qu'ils ne vont pas nous envoyer une pintade comme la dernière fois !

MADELEINE. – Qu'est-ce que tu veux, les femmes ça n'y connaît rien en voitures, c'est comme ça, tu ne vas pas changer le monde, mon pauvre Nono !

BRUNO. – Oui, enfin… entre rien y connaître et roucouler toute la journée, y a une différence !

MADELEINE. – Elle ne roucoulait pas, la dernière secrétaire ! Et puis c'est pas comme ça qu'on dit pour une pintade, d'abord.

BRUNO. – Si, si, c'était une race spéciale. C'était bien une pintade roucoulante !

MADELEINE. – Tu leur as dit à l'agence que tu en voulais une un peu plus dégourdie ?

BRUNO. – Tu parles ! Ils s'en foutent pas mal.

MADELEINE. – En même temps, ne sois pas trop exigeant, on lui demande juste de prendre les rendez-vous, d'accueillir les clients et de répondre au téléphone, pas de faire le diagnostic d'une panne en vingt secondes !

BRUNO. – Oui, je sais, mais quand même, j'ai pas l'impression de demander la lune ! Bon, et notre fils, il est où ? Ne me dis pas qu'il est encore au lit !

MADELEINE. – Il arrive, il prend sa douche.

BRUNO, *moqueur*. – Pas possible ?! Il a découvert où était la salle de bains ?

MADELEINE. – Oh ! écoute, Bruno, ne sois pas trop dur avec lui. Déjà, il a accepté de t'aider au garage alors que c'est pas du tout son truc, alors…

BRUNO. – Pas son truc, pas son truc… En attendant de le trouver son truc, comme tu dis, il faut bien qu'il s'occupe, non ? Pas question qu'il passe ses journées à rien faire et à se laisser entretenir !

MADELEINE, *mère poule*. – Ne dis pas ça. Il est courageux mon fils.

BRUNO, *riant*. – Ah ! ben tu parles !

MADELEINE. – Si ! Il est courageux ! Il cherche du travail entre deux !

BRUNO. – Entre deux quoi ? Entre deux siestes ?

MADELEINE. – Oh ! Nono, on ne va pas se disputer aujourd'hui…

BRUNO, *râleur*. – Et ses allocations chômage qui vont s'arrêter, par-dessus le marché !

MADELEINE. – Sauf s'il retrouve un stage !

BRUNO. – Un stage… C'est un métier, ça, stagiaire ?

Entrée de Laurent, nonchalant, en bleu de travail, l'air franchement pas motivé.

LAURENT. – Salut, 'pa.

BRUNO. – Salut, fiston. Alors, t'es prêt ? Il paraît que t'es au taquet… et tout propre !

MADELEINE. – Bruno !… Ne l'écoute pas, mon chéri, ton père te taquine.

LAURENT. – Je sais, j'ai reconnu son humour : aussi fin qu'un éléphant dans un corridor. On ne peut pas le louper.

BRUNO, *moqueur*. – Et tes cheveux sont secs ? Comment ça se fait ? T'as pris ta douche sans mettre la tête dessous ?

LAURENT. – Oh ! ça va, c'est bon…

BRUNO, *même jeu*. – Ah non ! Je sais ! T'as pris une douche à l'eau sèche !

MADELEINE. – Bruno, arrête !

LAURENT. – Bon, ça y est ? Parce que si c'est pour me faire agresser, moi je repars.

MADELEINE. – Eh, vous vous calmez ? J'ai envie de partir l'esprit tranquille, moi ! Je sais que c'est une intervention chirurgicale banale, mais si je stresse, je risque d'y rester, alors vous arrêtez tout de suite sinon vous aurez ma mort sur la conscience !

BRUNO. – Mais oui, ma bibiche, t'inquiète pas, va ! Je l'aime bien mon fiston ! *(Il lui passe le bras autour du cou, le serre contre lui et lui savonne gentiment la tête avec le poing.)* Hein, mon grand garçon qui va sûrement bientôt faire un stage !

LAURENT, *mollement*. – C'est bon, papa, lâche-moi…

BRUNO. – Mais avant de trouver un éventuel stage, il va faire… une vidange !

LAURENT. – Oh non ! Pas une vidange !

BRUNO. – Si, si, une vidange sur une Peugeot Twingo, dans la matinée ! C'est un nouveau modèle ! Allez, embrasse ta mère, elle va avoir besoin de courage pour subir son opération délicate.

LAURENT. – Ça va ! C'est qu'un grain de beauté, pas un triple pontage de la rate !

MADELEINE, *vexée*. – Merci de ton soutien, mon chéri. À ce soir tout le monde. *(Elle sort.)*

BRUNO. – J'aurais dû te mettre au standard au lieu d'embaucher une secrétaire pour la journée pour remplacer ta mère. Ça m'aurait coûté moins cher ! *(Le téléphone sonne.)* Et voilà ! Qu'est-ce que je disais ! *(Il décroche.)* Garage du Virage, j'écoute… Oui, c'est Bruno Coquillot… Bonjour, m'sieur Flagornet… Non, non, elle n'est pas prête, non… Ah ! ben c'est plus compliqué que prévu. Faut commander la pièce… C'est quoi ? Ah ! ben c'est le… le… cardan, c'est le cardan… Non, je ne sais pas quand je vais le recevoir, peut-être aujourd'hui, ou demain, on ne sait pas trop… Oui, je vous tiens au courant… Oh ! ben bien sûr… Au revoir… *(Il raccroche.)*

LAURENT. – Un problème de cardan sur la Safrane ? Tu m'as dit hier qu'elle était prête !

BRUNO. – Ah bon ? J'ai dit ça, moi ? T'as dû te tromper.

LAURENT. – Ça va, j'ai bien entendu, et j'ai vu aussi : la Safrane, elle est prête !

BRUNO, *mentant effrontément*. – Ouais, mais en manœuvrant pour la garer, je me suis aperçu que ça claquait, et en fait, y a un problème de cardan.

LAURENT, *suspicieux*. – Ça claquait ?

BRUNO, *sûr de lui*. – Oui, ça claquait.

LAURENT, *pas dupe*. – Quand t'as manœuvré.

BRUNO. – Le cardan, quoi.

LAURENT, *sceptique*. – Mmm mmm…

BRUNO. – Bon, c'est pas l'tout, en attendant l'arrivée de la Twingo pour la vidange, mets-toi donc au boulot, y a les plaquettes à changer sur la Citroën.

LAURENT, *dépité*. – Pff…

> *Il sort côté atelier. On frappe à la porte et on ouvre directement. Une femme entre.*

MATHILDE, *enjouée*. – Bonjour ! Le garage ?

BRUNO, *même ton, la singeant un peu*. – Bonjour ! La secrétaire ?

MATHILDE, *souriante*. – Oui, c'est l'agence d'intérim qui m'envoie.

BRUNO. – Je sais, puisque c'est moi qui ai demandé.

MATHILDE. – Ah oui ! Pardon. Je m'appelle Mathilde.

BRUNO. – Bien, alors ne perdons pas de temps, Mathilde, j'ai du boulot. Voici le bureau, le téléphone, l'agenda des rendez-vous. Le but c'est de répondre au téléphone, et de noter les rendez-vous. Si c'est urgent vous fixez la date rapidement, sinon dans la semaine ou même la semaine prochaine. Si vous avez des questions je ne suis jamais loin puisque je travaille à côté, mais évitez de me déranger toutes les cinq minutes. Vous vous y connaissez un peu en voitures ?

MATHILDE. – Euh… un peu.

BRUNO. – Je vois. Disons que pour la journée, on fera avec ! À tout à l'heure. Vous m'appelez si besoin.

MATHILDE. – D'accord. *(Sortie de Bruno. Mathilde essaie de prendre ses repères, installe quelques affaires. Le téléphone sonne. Pendant cette conversation, sans s'en apercevoir, elle s'enduit le visage de cambouis à cause du téléphone.)* Allô !… Oui, c'est le garage… du Virage… Bonjour, madame… Un problème de freins ?… Changer les plaquettes ?… Oui, d'accord, pas de problème. Ça peut attendre un peu ou pas ? Je veux dire, est-ce que vous avez l'intention de beaucoup freiner dans les jours qui viennent ?… Non, non, je ne plaisante pas. Pourquoi ?… Ah ! mais c'est pour vous fixer la date idéale ! Mercredi prochain, ça irait ?… Ah ! vos freins ont lâché ?… Oui, je comprends, mais aujourd'hui l'agenda est complet. Est-ce que vous pouvez vous arranger pour ne rouler que sur des routes plates ou qui montent, en attendant ?… Allô !… Allô !… *(Elle raccroche.)* Ça commence bien, si les gens me raccrochent au nez ! *(Entrée d'une cliente.)* Bonjour, madame !

MME DELAHOUSTE. – Bonjour, mademoiselle. Est-ce que je peux voir le patron ?

MATHILDE. – Il est à côté. C'est pour quoi ?

MME DELAHOUSTE. – J'ai eu un problème au démarrage ce matin.

MATHILDE. – Moi c'est pareil, j'ai eu du mal à me lever aussi.

MME DELAHOUSTE. – Je parlais de ma voiture.

MATHILDE. – Ah oui ! Pardon, je suis bête. Je ne suis pas encore habituée.

MME DELAHOUSTE. – C'est peut-être pas grand-chose, mais c'est pas le moment que je tombe en panne.

MATHILDE. – C'est rarement le bon moment, d'ailleurs !

Mme Delahouste. – Oui, c'est vrai.

Mathilde. – Si on pouvait choisir le moment pour tomber en panne, ce serait plus pratique !

Mme Delahouste. – Euh… oui, effectivement.

Mathilde, *joyeuse*. – Vous vous imaginez : « Bon, alors mardi prochain, j'ai rien de prévu, je vais pouvoir tomber en panne dans l'après-midi… » Ce serait rigolo, hein ?

Mme Delahouste. – Très.

Mathilde. – Et si on pouvait faire pareil quand on est malade, alors là !

Mme Delahouste. – Oui, en effet… mais…

Mathilde. – Parce qu'en général, quand on tombe malade, c'est jamais le bon moment non plus ! Vous avez remarqué ?

Mme Delahouste, *embarrassée*. – Euh…

Mathilde. – Sauf une fois ! Y a une fois où ça m'a bien arrangée d'avoir la gastro. J'avais rendez-vous chez le dentiste, du coup j'ai pas pu y aller, d'un sens j'étais contente. Mais c'est la seule fois où j'étais presque contente, parce que la gastro, c'est quand même pas marrant…

Mme Delahouste, *tentant de couper court*. – Oui, excusez-moi, mais je peux voir le patron ou pas ? Parce que je suis assez pressée en fait.

Mathilde. – Oui, je vais l'appeler. Enfin, quand je dis que ça m'a arrangée… euh… à moitié seulement, parce que vous vous doutez bien que le dentiste, j'ai dû reporter mon rendez-vous deux semaines plus tard, du coup, finalement, j'y suis allée quand même…

Mme Delahouste. – Oui, euh… bon…

MATHILDE. – Oui, pardon, je vous embête, mais c'était juste pour vous expliquer. Vous devez me trouver un peu bavarde.

MME DELAHOUSTE. – À peine, à peine.

MATHILDE. – En plus, la gastro, je l'avais refilée à ma sœur, ce coup-là. Elle était verte ! C'est le cas de le dire !

MME DELAHOUSTE. – C'est passionnant, mademoiselle, mais j'aimerais bien que quelqu'un regarde ma voiture.

MATHILDE. – Oui, oui, bien sûr. *(Elle se lève et ouvre la porte menant à l'atelier.)* Monsieur ! Y a une dame qu'avait du mal à « se démarrer » ce matin, et qui voudrait savoir comment ça se fait !… *(À Mme Delahouste.)* Voilà, il arrive, je lui ai dit.

MME DELAHOUSTE. – J'ai entendu, merci. Vous travaillez là depuis longtemps ?

MATHILDE. – Ce matin.

MME DELAHOUSTE. – Ah ! je vois…

Entrée de Bruno.

BRUNO. – Madame ?

MME DELAHOUSTE. – Bonjour, monsieur. Je passe vous voir parce que j'ai eu un problème au démarrage ce matin. Quand c'est comme ça, j'aime pas trop attendre, au cas où ça cacherait quelque chose de plus grave…

BRUNO. – Ouais, ouais, bien sûr…

MME DELAHOUSTE, *inquiète*. – Qu'est-ce que ça peut être, à votre avis ?

BRUNO, *moqueur*. – Y a de l'essence dans le réservoir, on est bien d'accord ?

Mme **Delahouste**. – Ah ! je vois ! Vous êtes le genre de garagiste qui prend les femmes pour des gourdes !

Bruno, *se défendant*. – Ah ! mais pas du tout ! Pas du tout ! Seulement, comme c'est déjà arrivé, je pose juste la question, au cas où.

Mme **Delahouste**. – Oui, il y a de l'essence dans ma voiture ; je suis une femme, pas une idiote. Ça vous est possible de regarder maintenant ?

Bruno. – Ah… Vite fait, allez-y… Vous êtes garée derrière ? *(Mme Delahouste fait oui de la tête.)* Bon, venez avec moi, je vais regarder ça.

> *Ils sortent côté entrée. Mathilde trie quelques papiers sur le bureau, et tombe sur une enveloppe qui l'intrigue, quand Laurent entre.*

Laurent. – Bonjour.

Mathilde, *toute contente*. – Bonjour, je suis la secrétaire !

Laurent. – Je m'en doutais un peu. Mon père est par là ?

Mathilde, *enthousiaste*. – Ah ! j'ai deviné : vous êtes le fils du patron !

Laurent. – Bravo !

Mathilde. – Il est parti avec une cliente qui n'aime pas être prise pour une imbécile par cette porte-là. Dites, excusez-moi, mais… vous n'ouvrez pas votre courrier, ici ?

Laurent. – Si, pourquoi ?

Mathilde. – Parce que cette enveloppe, là, elle est fermée ! C'est pour Laurent Coquillot, ça vient de Pôle emploi.

LAURENT. – Ah ! mais c'est pour moi ! Montrez… C'est quoi ce truc encore ? Ça date de quand, ça ?… Du 23 ? Oh là là ! Mais c'est de la semaine dernière ! *(Il ouvre et lit.)* Oh non ! Merde !

MATHILDE, *mi-curieuse, mi-compatissante*. – On dirait que c'est une mauvaise nouvelle.

LAURENT. – Je suis convoqué pour un contrat en entreprise, sinon ils me coupent mes droits au chômage.

MATHILDE. – Ah ! vous êtes au chômage ?

LAURENT. – Oui.

MATHILDE, *de bonne foi*. – Pourtant, vous avez l'air de travailler, là.

LAURENT. – Non, mais ça, c'est en attendant.

Entrée de Bruno suivi de sa cliente.

MATHILDE, *s'écriant*. – Ah ! d'accord ! En fait, vous travaillez au noir !

LAURENT, *embarrassé*. – Mais non, voyons ! Qu'est-ce que vous allez chercher ?

BRUNO. – Qu'est-ce qui se passe ici ? Bon, vous me laissez votre véhicule, madame, je vais regarder ça de plus près. Vous avez peut-être une petite course à faire dans le coin en attendant ?

MME DELAHOUSTE. – Oui. Je peux m'arranger et repasser dans une heure. Ça irait ?

BRUNO. – On va faire avec. À tout à l'heure. Et votre nom, c'est… ?

MME DELAHOUSTE – Delahouste.

BRUNO. – Vous notez, Mathilde ?

MATHILDE – Oui. *(Elle note.)* Delahouste. Allez, hop !

MME DELAHOUSTE. – Merci ! *(Elle sort.)*

BRUNO, *s'adressant aux deux*. – Bon, qu'est-ce qui se passe, là ?

LAURENT. – J'ai une convocation de Pôle Emploi, la lettre n'avait pas été ouverte, la secrétaire vient de tomber dessus.

BRUNO. – Et alors ? C'est grave ?

LAURENT. – Oui ! Je suis convoqué pour un CDD : dernière proposition avant suspension des droits ! Encore un truc pourri qui n'a rien à voir avec ce que je veux faire !

BRUNO, *moqueur*. – Ah !… Et qu'est-ce que tu veux faire ?

LAURENT. – J'en sais rien, moi !

BRUNO. – Ça devait arriver, mon p'tit gars ! Et alors, c'est quoi cette fois ?

LAURENT, *un peu perdu*. – J'ai pas le nom de l'entreprise, ils écrivent juste : « compétences commerciales demandées, débutant accepté, poste en relation avec le public, tenue correcte exigée ».

MATHILDE. – Ça, à tous les coups, c'est un poste de représentant.

BRUNO. – Vous croyez ?

MATHILDE. – Ah ! bah oui ! C'est sûr ! Les représentants ils sont tous en costume, et puis ils sont en relation avec le public, et ils font du commerce. Ça me semble évident. C'est peut-être chez Bleu Nuit, je sais qu'ils cherchaient quelqu'un pour essayer de faire connaître leur lingerie.

LAURENT, *affolé*. – Non, mais ça va bien ?! J'vais pas aller vendre des culottes, moi !

Bruno, *coquin*. – Ben moi, je veux bien y aller ! Ça peut être très intéressant ! Hé, hé, hé… Et c'est quand ton rendez-vous ?

Laurent, *lisant*. – « Rendez-vous à l'entreprise directement à onze heures, en tenue correcte et soignée, le 28. » Mais c'est aujourd'hui !

Mathilde. – Un coup de chance, il n'est pas encore onze heures ! Sinon, vous l'auriez loupé votre rendez-vous. Mais comme il n'est pas encore onze heures, on ne peut pas dire que ce soit loupé… Enfin, pour l'instant.

Bruno. – Eh ben, qu'est-ce que t'attends ? Vas-y !

Laurent, *perturbé*. – Mais qu'est-ce que je mets comme fringues ?

Bruno. – Un costume ! « Tenue correcte exigée », c'est en costume, mon p'tit gars !

Laurent, *affolé*. – Mais j'ai pas de costume, moi ! Ni de voiture pour y aller, puisque maman est partie avec !

Mathilde, *en pleine réflexion*. – Et moi je suis venue en bus. C'est difficile de vous prêter un bus ! Et même si je voulais, et en admettant que ce soit possible parce que ce serait mon bus privé, il faut un permis spécial pour conduire un bus, alors…

Bruno. – Je te préviens, Laurent : tu te débrouilles comme tu veux, il est hors de question que tu n'ailles pas à cette convocation !

Laurent. – Mais comment je fais, moi ?

Bruno. – Pour la voiture, t'as qu'à prendre celle de M. Flagornet, de toute façon il ne viendra pas avant demain.

Laurent. – Je croyais qu'elle avait un problème de cardan qui claquait ?

Bruno. – Oui, mais toi, t'as un problème de chômage, c'est prioritaire ! Et pour la tenue, va voir dans le placard de la petite chambre, y a mon costume de mariage. T'as qu'à prendre ça en attendant de trouver mieux.

LAURENT. – T'es en train de me dire que je vais aller me présenter à un boulot de représentant dans ton vieux costume de marié tout pourri ?

BRUNO. – Le marié tout pourri sans lequel tu ne serais pas là aujourd'hui te conseille de te dépêcher !

LAURENT. – Mais je vais avoir l'air d'un naze !

BRUNO. – Mais non ! Tu vas avoir l'air d'un homme d'affaires averti ! Allez, roule !

LAURENT. – Avec la voiture de Flagornet ? Tu te rends compte comme c'est risqué ? Et s'il apprend que j'ai emprunté sa Safrane ?

BRUNO. – Mais comment veux-tu qu'il le sache ? Y a pas de danger ! Allez, magne-toi !

Laurent sort côté appartement et laisse, en passant, sa lettre sur le comptoir.

MATHILDE. – Y a de l'animation chez vous. *(Bruno grommelle en sortant côté garage. Mathilde prend la lettre pour la relire.)* Ça me dit quelque chose cette adresse-là… C'est peut-être un magasin… Tiens, je vais chercher sur Internet… *(Elle prend son portable et tapote plusieurs fois.)* Alors… rue Richelieu… Richelieu… Ah ! voilà ! Numéro 25… Ah oui ! Je savais bien que ça me disait quelque chose !

Entrée d'une cliente.

MME GRIXYSTZWICK. – Bonjour.

MATHILDE. – Bonjour, madame ! Je suis à vous tout de suite, parce que je regardais quelque chose sur Internet. Mais ça y est, j'ai trouvé… J'ai un nouveau portable, maintenant je peux aller directement sur Internet avec, c'est pratique !

MME GRIXYSTZWICK, *un peu interloquée.* – Oui… Je suis madame Grixystzwick. *(Prononcer « Grisistik ».)* J'ai rendez-vous, en fait, pour une vidange.

MATHILDE. – Pour vous ?

MME GRIXYSTZWICK. – Oui, enfin pour ma voiture plus exactement.

MATHILDE. – Oui, évidemment, parce que si c'était pour vous, ce serait gênant. Je suis à vous tout de suite. Je me déconnecte, hop ! C'est pratique, hein ? Moins encombrant que de se balader avec un ordinateur sous le bras, et surtout plus discret ! Un ordinateur, c'est volumineux… quoiqu'ils sortent des nouveaux modèles qui prennent moins de place… mais moi, je parle pour mon ancien modèle, alors là…

MME GRIXYSTZWICK, *la coupant.* – Je vous laisse mes clés et les papiers de ma voiture. Je repasse en fin de matinée ?

MATHILDE, *enjouée.* – Ah ! mais vous faites comme vous voulez ! Je ne sais pas si elle sera prête, parce que le patron, il a l'air un peu débordé ce matin, et puis son fils, normalement, il l'aide, enfin il travaille au noir, mais là comme il a un rendez-vous urgent pour pas perdre son chômage, du coup M. Coquillot se retrouve tout seul, alors…

MME GRIXYSTZWICK, *sèche.* – Ça, ce n'est pas mon problème. À tout à l'heure. *(Elle sort.)*

MATHILDE. – Ben dis donc ! Ils sont mal vissés ce matin, tous ! *(Le téléphone sonne. Elle décroche.)* Allô ! Le garage du Rivage, bonjour… Oui ?… Du Virage, oui, c'est bien ici… Ah ! j'ai dit « rivage » ? Oh ! excusez-moi ! C'est parce qu'une cliente vient de me parler un peu sèchement, ça a dû me perturber, et j'ai dit « rivage » au lieu de « virage ». Mais remarquez, « rivage » ce serait sympathique, ça voudrait dire qu'on est au bord de la mer ! Mais bon, c'est pas le cas, hein ! Y a la rivière pas loin, mais ça fait pas pareil… Allô ! Allô !… Oui, pardon, c'est pour quoi ?… Mais oui, je vous écoute, je vous écoute, je ne fais que ça, monsieur. Alors ?… Ah… Parler à M. Coquillot ? Euh… oui, mais lequel ? Celui qui travaille au noir ou l'autre ?… Le patron ? Oui, je veux bien, mais j'hésite à l'appeler parce qu'il a dit qu'il ne voulait pas être dérangé toutes les cinq minutes. Je peux peut-être prendre un message, plutôt ?… Votre voiture, qu'est-ce qu'elle a ?… Elle broute ?… Ben mettez-la sur la pelouse, ça vous fera des économies de tondeuse !… Allô ! Allô ! *(Elle raccroche.)* Mais qu'est-ce qu'ils ont tous à me raccrocher au nez ? C'est quand même incroyable ça ! Les gens n'ont aucun humour !

Entrée de Laurent en costume (trop court de partout).

LAURENT. – C'est la catastrophe ! Regardez !

MATHILDE, *le regardant de haut en bas*. – En effet, y a quelque chose qui cloche.

LAURENT. – Non ? Sans blague ?!

MATHILDE, *sérieuse*. – La cravate ne va pas du tout avec votre chemise !

LAURENT. – Ah ! elle est bonne celle-là ! Et c'est tout ?

MATHILDE. – Ben oui… Oh ! dites, j'ai cherché l'adresse de votre rendez-vous sur Internet et j'ai trouvé ! Vous allez être content, c'est pas un magasin de lingerie, vous n'êtes donc pas convoqué pour vendre des soutiens-gorge ou des porte-jarretelles. Comme ça n'avait pas l'air de vous emballer, soyez rassuré, c'est autre chose.

LAURENT. – Ah bon ? Ah ! ben tant mieux ! Je suis soulagé ! Et c'est quoi, alors ?

MATHILDE, *toute contente*. – Au 25 rue Richelieu, c'est les pompes funèbres de la ville !

LAURENT. – Quoi ?! Ah non ! Non ! Vous devez vous tromper !

MATHILDE. – Ah non ! J'en suis sûre, parce qu'en plus, l'adresse me disait quelque chose, et après quand j'ai trouvé je me suis dit : « Ah ! mais c'est ça ! » Le 25 rue Richelieu, on a eu affaire à eux quand on a enterré tante Marguerite, c'était la sœur de ma mère, vous comprenez. J'y étais allée avec maman pour choisir une hécatombe… euh… non, c'est pas ça le mot, je ne sais plus, une plaque tombale, là, pour graver des trucs dessus genre « À ma tante bien-aimée ». Et comme tata avait des dons parapsychiatriques, ma mère voulait lui écrire « À ma sorcière bien-aimée », mais elle a laissé tomber parce que…

LAURENT, *la coupant*. – Mais c'est encore pire !

MATHILDE. – Un peu que c'était pire ! Et mon oncle n'aurait pas apprécié, surtout !

LAURENT. – Attendez, vous pouvez vous taire juste cinq minutes, que je réfléchisse, là ? *(Il se fige, catastrophé.)*

Entrée de Bruno.

BRUNO. – Bon, t'es prêt ? Bien. Tiens, voilà les clés de la voiture de M. Flagornet. Un peu d'entrain, Laurent ! Tu verrais ta tête ! On dirait que tu vas à un enterrement !

MATHILDE. – Ben justement…

LAURENT. – Stop ! Pas un mot, vous !

BRUNO. – Oh ! eh ! Calme-toi ! Pourquoi tu parles comme ça à la secrétaire ?

MATHILDE, *gentiment*. – C'est rien, il est contrarié parce qu'en fait…

LAURENT, *l'interrompant*. – Le costume est trop court, tu vois bien !

BRUNO. – Ah ! c'est ça ? Penses-tu ! En marchant vite, ça s'verra pas ! Bon, il avait peut-être un peu rétréci au lavage, mais il manque pas grand-chose.

LAURENT. – Une dizaine de centimètres, t'as raison, ça passe complètement inaperçu ! On dirait juste que je vais à la pêche aux coques !

BRUNO. – Pas du tout, t'as pas de seau ! Allez, hop ! ne trouve pas d'excuses pour annuler ! File, espèce de paresseux !

LAURENT, *vexé*. – Merci pour tes encouragements, ça fait plaisir ! *(Bas, à Mathilde.)* Ne dites surtout pas à mon père ce qu'il y a à cette adresse, d'accord ? Sinon il va se foutre de moi pendant les trente prochaines années !

MATHILDE, *bas, à Laurent*. – Je serai muette comme une tombe… Oh ! pardon !

BRUNO. – Bon, fais attention à la Safrane quand même, hein ! Surtout en changeant les vitesses. Elle a l'air fragile. C'est pas le moment d'avoir un accident !

LAURENT. – Eh bien, comme ça, si j'y reste, au moins je serai sur place. *(Il sort.)*

BRUNO. – Pourquoi il dit ça ? J'ai pas compris.

MATHILDE. – Ah ! je ne sais pas, moi, je ne sais rien du tout, ça ne me regarde pas, et je ne m'occupe jamais des affaires des autres alors là, je dis rien, je suis muette comme une… comme une… carpe, voilà, une carpe c'est bien, c'est parfait.

BRUNO. – Bien, alors, à nous deux ! Vous allez me préparer la facture pour la Safrane, tout est noté là, sur ce papier, vous trouverez les prix correspondant aux pièces dans ce cahier, et le temps passé que j'ai noté là, vous le multipliez par le taux horaire qui est là, et vous faites le total. C'est bon ?

MATHILDE. – Je devrais m'en sortir. Mais… pardon, j'ai juste une question.

BRUNO. – Quoi ?

MATHILDE. – La Safrane, c'est celle que votre fils vient de prendre pour aller à son nouveau travail ?

BRUNO. – Oui, pourquoi ?

MATHILDE. – Mais si je prépare la facture alors que vous n'avez pas fini de travailler dessus…

BRUNO, *vivement*. – Si, si, j'ai fini, j'ai fini, en quelque sorte.

MATHILDE. – Ah bon ! Mais tout à l'heure votre fils a dit qu'elle avait un problème de cure-dents ou je ne sais pas quoi.

BRUNO. – « Cardan », pas « cure-dents » ! *(Légèrement agacé.)* Bon, écoutez, vous voulez aller réparer les voitures à ma place peut-être ? Le cardan, il est noté là.

MATHILDE, *ayant du mal à comprendre*. – Ah ! mais c'est fait, alors ?

BRUNO. – Oui… enfin non.

MATHILDE. – Ah ! d'accord ! Vous savez déjà combien de temps vous allez y passer même si vous n'avez pas encore fini ?

BRUNO, *commençant à s'impatienter*. – Voilà, vous avez tout compris.

MATHILDE, *souriant*. – Oui, c'est parce que vous avez l'habitude.

BRUNO. – C'est ça. Bon, je vous laisse, j'ai du boulot… Ah ! ce sont les clés de la Twingo, ça ? Je les prends. Et, au fait, vous avez le droit de prendre un café si vous voulez, il en reste, et la cafetière est là. *(Il sort côté atelier.)*

MATHILDE, *touchée*. – Ah! ça c'est gentil! *(Elle se dirige vers la cafetière, se sert un café, le renifle et fait une grimace très appuyée. Le téléphone sonne. Elle répond.)* Allô! Le garage du Virage, bonjour… *(Pour elle-même.)* Cette fois, je l'ai bien dit! *(Au téléphone.)* Oui, bonjour, monsieur. C'est pour quoi?… Vous avez des pets à l'échappement?… Oui, c'est embêtant, mais je ne sais pas si on peut vous aider… Comment?… Votre pot n'a pas de fuite? C'est bien, je suis contente pour vous… Le…? Vérifier aussi votre gicleur? Non, mais excusez-moi, là, mais je pense que vous vous êtes trompé de numéro, monsieur… Si, si, vous vous êtes trompé. Attendez, ne quittez pas, deux secondes… *(Elle consulte l'annuaire rapidement.)* Allô! Voilà, je vous donne un autre numéro. Vous notez?… 02 40 36 07 24. C'est le Dr Gropirot, vous allez voir, il est très bien, mon père y était allé pour des problèmes intestinaux aussi. Par contre, je ne sais pas s'il est spécialisé dans les problèmes urinaires ou anthropologiques, mais vous verrez bien… Parler à M. Coquillot? Non, c'est pas possible, monsieur, il est très occupé, et puis il vous dirait la même chose que moi… Essayez un peu de légumes verts, sinon… Allô! Allô! *(Elle raccroche.)* Ah! ben bravo! Voilà comment on est remercié! *(Elle prend une gorgée de café et le recrache dans la tasse.)* Y a pas que les clients qui sont imbuvables!

Entrée de Mme Delahouste.

MME DELAHOUSTE. – Voilà, je reviens. Savez-vous si ma voiture est prête?

MATHILDE. – Ouh là! Déjà? J'en sais rien, mais ça m'étonnerait!

MME DELAHOUSTE. – C'est-à-dire que je suis un peu pressée.

MATHILDE. – Ah oui! C'est la maladie du siècle, ça! Mais il faut bien le temps de faire les choses, quand même!

Mme Delahouste. – Je vais attendre ici, parce qu'il fait un peu frais dehors.

Mathilde. – Pas de problème. Vous voulez un petit café en attendant ?

Mme Delahouste. – Volontiers, merci.

Mathilde cherche rapidement une autre tasse, mais s'aperçoit qu'il n'y a plus ni tasse ni café dans la cafetière. Elle lui donne discrètement sa propre tasse encore pleine, dans laquelle elle a recraché…

Mathilde. – Je vais demander au patron où il en est.

Mme Delahouste. – Merci.

Elle renifle le café et le boit en grimaçant entre chaque gorgée pendant que Mathilde est sortie.
Retour de Mathilde.

Mathilde. – Bon, alors M. Coquillot dit qu'elle ne sera pas prête avant ce soir, et que vous avez un problème de bougies, entre autres, qu'il a dit.

Mme Delahouste. – Quoi ? Ah ! mais je ne peux pas la laisser ! J'en ai absolument besoin, j'ai un dîner aux chandelles à préparer pour ce soir, pour mon fiancé !

Mathilde. – Oui, mais apparemment, vous ne pouvez pas aller préparer votre repas aux chandelles si vous avez un problème de bougies.

Mme Delahouste. – Comment ça ?

Mathilde. – Parce que sans bougies, vous ne pouvez pas démarrer, qu'il a dit M. Coquillot. Il a l'air d'être drôlement au courant de votre situation ! Il a dit « pas de bougies, pas d'allumage », mais bon, vous pourrez peut-être l'allumer autrement, non ?… Un peu d'alcool pour démarrer, ça chauffe bien aussi. *(Elle met une bouilloire à chauffer.)*

Mme DELAHOUSTE, *ne comprenant rien*. – De l'alcool pour démarrer ?

MATHILDE, *coquine*. – Ben oui ! Un petit cocktail explosif ! Ça fera oublier les bougies manquantes !

Mme DELAHOUSTE. – Mais qu'est-ce que vous me racontez ? De l'alcool dans la mécanique ! Je n'ai pas envie de provoquer une panne, moi !

MATHILDE. – Ah oui ! La panne… Ouh là là ! J'avais pas pensé à ça… En tout cas, il a dit qu'il y avait un autre problème, et qu'il en avait pour l'après-midi, alors bref, il faut revenir ce soir. Avec un peu de chance, vous arriverez à temps pour votre repas !

Mme DELAHOUSTE, *ennuyée*. – Oh ! mais ça m'arrange pas du tout cette histoire ! Je vais être obligée de prendre un bus pour rentrer !

MATHILDE. – Moi aussi j'ai pris le bus ce matin. Et alors ? C'est pas si grave, quand même.

Mme DELAHOUSTE. – Pff… Bon, alors à ce soir. J'espère qu'il ne va pas me trouver autre chose de plus !

MATHILDE, *aimable*. – Quand on cherche bien, on trouve toujours.

Mme DELAHOUSTE. – C'est bien ce qui m'inquiète !

MATHILDE, *fière de son patron*. – Vous pouvez avoir confiance, il sait ce qu'il fait, M. Coquillot !

Mme DELAHOUSTE. – De toute façon, je suppose que je n'ai pas le choix… À tout à l'heure.

Sortie de Mme Delahouste. Mathilde fouille dans un placard et trouve une tasse et des dosettes de café. Elle verse le contenu de la dosette dans la tasse et ajoute l'eau chaude. Elle prend une gorgée et, de dégoût, recrache aussitôt dans la tasse. Entrée de Flagornet.

FLAGORNET. – Bonjour, mademoiselle.

MATHILDE. – Monsieur…

FLAGORNET. – M. Coquillot est là ? Je ne le vois pas dans l'atelier.

MATHILDE – Euh… ça dépend.

FLAGORNET. – Comment ça, « ça dépend » ? Soit il est là, soit il n'est pas là ! Dites-lui que M. Flagornet le demande.

MATHILDE, *paniquée.* – Monsieur Flagornet ? Oh là là ! Monsieur Flagornet de la Safrane ?

FLAGORNET. – Non. Flagornet tout court.

MATHILDE, *essayant de cacher son embarras.* – À la Safrane ? De la Safrane ? Avec une Safrane ?

FLAGORNET. – Pardon ?… Ah ! d'accord ! Oui, avec une Safrane, oui…

MATHILDE. – Ah ! ben alors dans ce cas, il n'est pas là. Ni lui… ni… ni elle, d'ailleurs.

FLAGORNET. – Oui, je vois bien qu'elle n'est pas là, je la connais. Vous la remplacez ?

MATHILDE. – Non, je crois qu'il n'a pas prévu de la remplacer. Faut attendre qu'elle revienne. Elle va forcément revenir… en bon état, on espère.

FLAGORNET. – Ah ? Comment ça ? Elle est partie ?

MATHILDE. – Euh… oui, mais pas pour longtemps, alors surtout ne vous inquiétez pas, tout va bien, vraiment tout va très bien, mais je ne peux pas vous en dire plus, c'est assez confidentiel, vous comprenez…

FLAGORNET. – Ah bon ? Qu'est-ce qu'elle a ? Vous m'inquiétez !

MATHILDE, *gênée*. – Oh là là ! Tenez, prenez un café. *(Elle lui donne sa tasse.)* S'il vous plaît, ne me posez pas trop de questions, je ne travaille que depuis ce matin et je ne suis pas très à l'aise avec les questions techniques. Il faut repasser ce soir, voilà. Le patron vous expliquera, voilà.

FLAGORNET. – Merci… *(Il s'apprête à boire, mais ne boit pas.)* Oui, je vais repasser, si vous ne pouvez pas m'en dire plus.

MATHILDE. – Moi, j'ai juste entendu dire qu'elle claquait, c'est tout.

FLAGORNET. – Comment ça, « elle claquait » ? *(Il s'apprête à boire, mais ne boit pas.)*

MATHILDE. – Elle claquait du cure-dents, je crois, mais s'il vous plaît, ne m'en demandez pas plus, parce que, alors là, ça va être compliqué pour moi, après !

FLAGORNET – Du cure-dents ? Elle a un problème buccal ?

MATHILDE. – Un problème buccal ? Euh… oui, c'est ça. Sûrement.

FLAGORNET. – La pauvre, j'espère que ce n'est pas trop grave ! *(Il s'apprête à boire, mais ne boit pas.)*

MATHILDE. – Non, non, ce n'est pas grave. De toute façon, avec M. Coquillot, elle est entre de bonnes mains.

FLAGORNET, *avec un rictus moqueur*. – Oui, ça, je m'en doute, mademoiselle !

MATHILDE, *essayant de s'en débarrasser*. – Mais là, de toute façon, il n'est pas là, il est parti l'essayer. Sûrement. Pour voir si elle claque encore. C'est pour ça qu'elle n'est pas là. Et que lui non plus. Forcément. Parce qu'il est avec. Voilà, voilà.

FLAGORNET. – Eh bien, dites moi, il est parti l'essayer ? *(Il rit de bon cœur.)*

MATHILDE. – Oui. En tout cas, faites-lui confiance, il s'en occupe, il va être dessus toute la journée, j'en suis sûre. Voilà. Et puis il doit aussi vérifier si elle n'est pas trop fragile quand il change de vitesse, que j'ai entendu dire, aussi.

FLAGORNET. – Oh ! oh ! oh ! Sacré Coquillot ! Bon, et à part ça, vous ne savez pas s'il a reçu ma pièce ?

MATHILDE. – Une pièce de combien, c'était ?

Flagornet s'apprête à boire… mais ne boit pas.

FLAGORNET. – On voit que vous êtes nouvelle, vous, hein ? Bon, laissez tomber, je vais repasser tout à l'heure. *(Il boit le café d'un trait.)* Merci pour le café ! *(Il sort.)*

Mathilde s'éponge le front et se ventile pour se remettre de ses émotions. Elle prend le paquet de dosettes et lit sur le côté du paquet.

MATHILDE. – À consommer avant… ? Ah ! d'accord ! Je comprends mieux ! *(Entrée de Bruno.)* Ah là là ! Vous voilà ! Y a M. Flagornet qui vient de sortir !

BRUNO. – Flagornet ? Merde ! Vous lui avez dit quoi ?

MATHILDE. – Que vous étiez parti rouler avec sa voiture pour vérifier deux ou trois choses, mais faut pas me faire des coups comme ça, ça me donne des émotions, moi ! Il ne vous a pas vu dans l'atelier, heureusement ! Vous étiez où ?

BRUNO. – Là où vous ne pouvez pas aller à ma place. Vous voulez des détails ?

MATHILDE. – Non, merci.

BRUNO, *la félicitant*. – En tout cas, vous êtes dégourdie ! Ça fait plaisir, au moins ! Pour une fois que l'agence d'intérim ne nous envoie pas une pintade sans cervelle ! Bravo, vous avez eu le sens de la répartie, je vous félicite. Tenez, vous pourrez préparer la facture de la Twingo ? Tout est noté là.

MATHILDE. – Déjà ? Merci. Par contre, j'ai quelque chose qui me chiffonne quand même, et je ne sais pas si je vais pouvoir garder ça pour moi.

BRUNO – Quoi ? Vous avez fait une bêtise ? Vous avez mal répondu à un client ?

MATHILDE. – Ah non ! Ça non ! Je m'en sors même très bien, je trouve.

BRUNO. – Eh bien, parlez !

MATHILDE. – Si je garde ça pour moi, ça va m'angoisser, parce que je ne vais pas oser vous le dire, et après ça va me travailler les boyaux. Moi quand je cache des choses, je me sens mal. C'est comme la fois où j'ai dû dire à ma grand-mère que j'avais écrasé son chat en reculant dans sa cour, ben pour lui annoncer qu'elle avait un chat plat, je peux vous dire que…

BRUNO. – Bon, venez-en au fait, parce que j'ai du boulot.

MATHILDE, *embarrassée*. – C'est que… c'est pas facile à dire.

BRUNO. – Allez, dépêchez-vous, ça ne peut pas être si grave.

MATHILDE. – Grave, non, mais quand même, un truc pareil, c'est embêtant que vous ne le sachiez pas. Et puis vous allez finir par vous en rendre compte un jour…

BRUNO. – Qu'est-ce qu'il y a ? Vous ne pouvez pas avoir écrasé mon chat, j'en ai pas. Alors, c'est quoi ?

MATHILDE, *gênée*. – Ben… c'est… c'est votre café.

BRUNO. – Quoi, mon café ?

MATHILDE. – Celui qui est dans le placard. Il est périmé depuis 1987 !

BRUNO. – Ah ! c'est ça ? Eh bien, ne le buvez pas. Donnez-le aux clients !

Il sort. Le téléphone sonne. Mathilde décroche.

MATHILDE, *au téléphone*. – Allô ! Le garage du Virage, bonjour… Oui… Pardon ? Je n'ai pas bien compris votre question… Un problème de capote ?… Euh… je ne sais pas quoi vous dire, là… Une 307 cabriolet ?… Oui, enfin la taille et la marque, c'est secondaire, hein… Vous avez déjà eu le problème l'an dernier ?… Mmm… Et M. Coquillot vous avait tiré d'affaire ? Ah bon ? C'est un sacré ami alors pour vous aider sur un coup comme ça… Mais du coup ça sort un peu de son travail, alors je ne sais pas, moi… C'est urgent ou pas ? Parce que je ne me rends pas bien compte… Vous ne pouvez pas sortir décapoté, vous dites ? Elle est coincée ?… Aïe aïe aïe ! Ça doit faire mal… Faudrait qu'il aille à votre domicile, alors ?… Eh bien, dès que je le vois, je lui en parle. C'est quoi votre nom ? De Gaillac… Entendu. Bon, alors restez bien tranquille, monsieur, pas de mouvement brusque, d'accord ?… Oui, au revoir… *(Elle raccroche.)* On voit de tout ici ! Bon, alors, la facture de la Twingo…

Entrée de Mme Grixystzwick.

MME GRIXYSTZWICK. – Me revoilà.

MATHILDE. – Justement, je suis en train de préparer votre facture, madame Gr… euh… madame. Je fais l'addition parce qu'il y a beaucoup de lignes, alors…

Mme Grixystzwick. – Beaucoup de lignes ? Pour une simple vidange ?

Mathilde, *professionnelle*. – La première ligne, c'est la vidange. Quatre-vingts euros. Après y a des p'tits trucs en plus…

Mme Grixystzwick, *sèche*. – Du genre ?

Mathilde, *toujours très pro*. – « Filtre à gasoil », après il a coché « réglage-équilibrage des pneus » puis « nettoyage de la pompe à injection », « changement du liquide de refroidissement »…

Mme Grixystzwick. – Ben voyons ! Et puis quoi encore ?

Mathilde. – Elle devait avoir mal aux genoux, votre voiture : « remplacement d'une rotule »…

Mme Grixystzwick, *sarcastique*. – Ben voyons ! Et c'est tout ?

Mathilde. – « Changement des trois essuie-glaces ». Ah ! vous en avez trois, vous ?

Mme Grixystzwick, *sèche*. – Deux devant, un derrière.

Mathilde. – Ah ! je ne savais pas ! C'est quand on conduit à reculons ? C'est vrai que ça peut être dangereux quand il pleut. Déjà qu'à reculons, c'est pas évident, mais à reculons et sous la pluie, alors là…

Mme Grixystzwick. – Bien. Et c'est tout ?

Mathilde. – Oui, voilà, j'ai terminé. Le total est de huit cent cinquante-quatre euros.

Mme Grixystzwick, *sarcastique*. – Mais bien sûr ! Et il a eu le temps de faire tout ça en si peu de temps ?

Mathilde. – Il travaille vite, vous savez.

Mme Grixystzwick, *sèche*. – Appelez-moi le patron.

MATHILDE. – Pourquoi ? Ah ! vous voulez le remercier vous-même d'avoir vu que tout ça clochait ?

MME GRIXYSTZWICK. – C'est ça, je vais le remercier moi-même, vous allez voir.

MATHILDE. – Il va être content. Je l'appelle. *(Elle se met sur le seuil de la porte de l'atelier.)* Monsieur Coquillot !!!

Entrée de Bruno.

BRUNO. – C'est pour quoi ? C'est bon, allez manger, c'est l'heure.

MATHILDE. – Ah ! merci ! Je vous laisse avec la dame, alors ?

BRUNO. – Oui, je vais l'encaisser. Allez-y. Bon appétit. *(Sortie de Mathilde. Bruno bombe un peu le torse.)* Alors, ma p'tite dame, je suis à vous. *(Le téléphone sonne.)* Ah ! excusez-moi… *(Au téléphone.)* Allô !… Ah ! Mado… *(À Mme Grixystzwick.)* C'est ma femme… *(Au téléphone.)* Ça va, ma bibiche ? Alors, comment ça s'est passé ton opération ? T'es réparée ?… Hein ?… Comment ça, ils te gardent ?… Pour un simple grain de beauté ?… Quoi ?… Des analyses complémentaires ? Mais pour quelle raison ?… Une infection ? Ah ! ça c'est bien les hôpitaux !… Tu vas voir qu'ils vont te trouver autre chose !… Ouais… *(Il tend un stylo à Mme Grixystzwick pour qu'elle fasse son chèque, mais elle ne le prend pas.)* Des examens de quoi ?… Pour quoi faire, des radios ?… Oh ! mais faut pas te laisser faire, hein ! C'est de l'arnaque ça !… Attends, tu rentres pour une simple rayure sur la carrosserie, et ils commencent à vouloir regarder sous le capot ? Bah bah bah… *(À Mme Grixystzwick.)* Les hôpitaux, quelle bande d'escrocs !… *(Au téléphone.)* Et puis quoi encore ? Ils veulent pas te plâtrer les deux jambes pendant qu'ils y sont ?… Oui, tu me tiens au courant, bibiche… Oui, oui, ça va, je te laisse, là, j'ai une cliente, hein… Oui, à tout à l'heure. *(Il raccroche.)* Non, mais vous entendez ça ? Ma femme est entrée ce matin à l'hosto pour une banale intervention, ils la gardent en observation jusqu'à demain et ils sont en train de lui trouver plein de problèmes ! Vous vous rendez compte ?

MME GRIXYSTZWICK, *regardant sa facture.* – Ah ça ! Si je me rends compte !

BRUNO. – Quelle bande d'escrocs ! Tout ça, c'est pour gagner du fric sur le dos des gens ! C'est lamentable !

MME GRIXYSTZWICK. – À qui le dites-vous !

BRUNO. – De toute façon, dès que vous mettez un pied là-dedans, la jambe y passe !

MME GRIXYSTZWICK. – Tout à fait !

BRUNO. – Si vous les laissez faire, ils vous facturent n'importe quoi ! Tout ça parce qu'ils profitent de la faiblesse des gens. Et hop ! vas-y que j'te…

MME GRIXYSTZWICK. – C'est exactement ça !

BRUNO. – Et vous vous retrouvez plus malade en ressortant qu'en entrant ! Et une radio par-ci, et une analyse par-là… « Oh ! mais attendez, y a p't-êt' un problème cardiaque, là… Ah ! mais il faut vous amputer, ma p'tite dame… » Non, mais y a de l'abus, vous ne trouvez pas ?

MME GRIXYSTZWICK. – Oh ! que si !

BRUNO. – Et c'est qui qui paye ? C'est bibi ! Encore heureux que c'est remboursé ces conneries ! Ça me fout hors de moi des trucs pareils !

MME GRIXYSTZWICK. – Eh oui ! C'est comme si quelqu'un venait chez vous pour une vidange, et que vous lui changiez une rotule…

BRUNO, *un blanc, gêné.* – Oui, euh… si on veut, mais bon, c'est pas pareil…

MME GRIXYSTZWICK, *cinglante.* – Ah ! ben non ! C'est pas pareil, c'est certain !

BRUNO. – Bon, enfin bref… Que je ne vous retienne pas, vous réglez avec… ?

MME GRIXYSTZWICK. – Avec amertume, vu le prix de la note !

BRUNO. – Ah oui ! Je sais bien, mais on peut pas laisser une voiture avec des problèmes qu'on découvre au fur et à mesure, question de conscience professionnelle. Ça peut être dangereux, vous comprenez… surtout sur une Peugeot Twingo ! Hein ? *(Il rit.)*

MME GRIXYSTZWICK. – Oui, une Peugeot Twingo. Je fais le même coup depuis deux semaines dans tous les garages de la région. Je téléphone pour demander une vidange pour ma « Peugeot Twingo », les garagistes pensent que je suis une crétine, et comme par hasard, pas un seul ne m'a facturé simplement une vidange ! Je suis journaliste pour le mensuel « Auto-satisfaction » et je mène une enquête sur les abus et arnaques des garagistes. Vous remportez la palme : 854 euros pour une vidange, je vais vous placer en haut de mon tableau !

BRUNO, *embarrassé.* – Ah ! vous êtes journaliste ? Enchanté, madame. Je lis régulièrement le magazine « Auto-satisfaction » ! D'ailleurs, qui ne le lit pas ? Mais montrez-moi votre facture, j'ai un doute, là ! *(Il lui reprend la facture des mains.)* Ah ! mais attendez, attendez… C'est pas votre facture, ça, madame ! La secrétaire a confondu ! Non, non, ça c'est pour la Citroën. Oh ! excusez-la, elle est nouvelle, hein, alors elle mélange tout… Je vais vous rectifier ça.

MME GRIXYSTZWICK, *ironique.* – Ah oui ?

Bruno. – Oh ! les intérimaires, vous savez… ça en fait des erreurs ! Voilà, donc vous, c'est la vidange et le filtre, voilà ma p'tite dame.

Mme Grixystzwick. – Le filtre a été changé il y a dix jours, mon p'tit monsieur !

Bruno. – C'est ça… Ben juste la vidange alors. Quatre-vingts euros. Voilà.

Mme Grixystzwick. – Et vu que vous vous êtes trompé, mais que vous avez envie d'avoir un bon article dans mon magazine, vous pouvez peut-être me faire un prix, non ?

Bruno, *tentant de ne pas perdre la face*. – Mais j'allais vous le proposer… C'est pas tous les jours qu'on a l'honneur… Alors ce sera cinquante euros. C'est bien parce que c'est vous, hein.

Mme Grixystzwick. – Allez, on arrondit à vingt-cinq, et je vous arrange le coup.

Bruno. – Ah ! vous êtes dure en affaires, vous ! Bon, vingt-cinq, mais n'y revenez pas.

Mme Grixystzwick. – Je préfère ça.

Bruno. – Et moi donc !

Mme Grixystzwick, *sarcastique*. – Heureusement que vous vous êtes aperçu de l'erreur, quand même ! J'ai eu chaud.

Bruno. – Moi aussi. D'ailleurs, j'ai encore chaud… Je vais chercher vos clés, j'ai juste un petit détail à vérifier et je vous les rends… Bon, en tout cas, c'est bien ce que vous faites, faut dénoncer tout ça, hein… Y a mon concurrent, là, le garage Duparc, j'espère que vous n'allez pas le louper !

Mme Grixystzwick, *hautaine*. – Il est en effet sur ma liste.

BRUNO. – Parce que lui, lui, c'est un escroc ! Et il a des activités
à côté, loin d'être recommandables en plus ! Je ne vais pas rentrer
dans les détails, mais bon…

*Entrée de Mathilde. Elle reste sur le seuil, ce qui l'oblige à
parler bien fort.*

MATHILDE. – Monsieur Coquillot ! Attendez ! Excusez-moi, j'ai
oublié de vous dire un truc urgent avant de partir.

BRUNO. – Quoi encore ?

MATHILDE. – Y a votre ami qu'a appelé tout à l'heure, il faut
aller chez lui au plus vite !

BRUNO. – Un ami ? Quel ami ? Nanard ?

MATHILDE. – Non, votre ami De Gaillac. Il vous attend pour
l'aider à décoincer son préservatif. Y a que vous qui avez le coup
de main, il paraît !

RIDEAU

ACTE II

Dix-huit heures. Laurent pousse timidement la porte pour entrer, regardant si le terrain est libre. Mathilde est au bureau. Elle lève la tête à son arrivée.

MATHILDE, *gentiment.* – Ah! c'est vous?

LAURENT. – Oui. Mon père est là?

MATHILDE, *complice.* – Non, il est parti vite fait chez un client… Alors? Vous avez déjà fini votre journée? C'était comment?

LAURENT. – Mortel.

MATHILDE, *compatissante.* – J'imagine.

LAURENT. – En plus, il m'arrive une tuile.

MATHILDE. – Une tuile de quel genre?

LAURENT. – Du genre « mon père va m'arranger le portrait en trois épisodes ».

MATHILDE. – Pourquoi? Vous avez sali son costume?

LAURENT. – Non, pire : j'ai eu un accrochage avec la Safrane de Flagornet.

MATHILDE, *catastrophée*. – Vu le prix que ça risque de vous coûter, c'est pas une tuile qui va vous arriver, c'est une ardoise, à mon avis !

LAURENT. – Le pire, c'est que ce n'est même pas ma faute !

MATHILDE. – Comment ça ?

LAURENT. – Le chauffeur du corbillard manœuvrait dans la cour, j'avais garé la Safrane soigneusement dans un coin, et ce con a reculé dans la portière de Flagornet ! Celle du côté passager. Avec un peu de chance, il ne va pas s'en apercevoir.

MATHILDE. – C'est malin ! Et personne n'a été blessé ?

LAURENT. – Non. Il y a bien un mort, mais il l'était déjà avant, puisqu'il se trouvait dans le corbillard.

MATHILDE. – Qu'est-ce que vous allez faire ?

LAURENT. – Qu'est-ce que j'en sais, moi ? J'ai deux mensonges à trouver : expliquer ce qu'est mon boulot, et raconter pourquoi la portière de Flagornet est défoncée ! Et pour couronner le tout, demain matin à dix heures, je me tape une messe d'enterrement ! Non, mais là, je sens que la déprime arrive !

MATHILDE, *réconfortante*. – Ça ne va pas vous aider de broyer du noir.

LAURENT. – Bof… Tiens, à propos de noir, je me permets : vous en avez plein la figure.

MATHILDE. – Quoi ?

LAURENT. – Je parie que mon père a encore répondu au téléphone les mains pleines de cambouis, et vous êtes passée après lui. Ma mère est folle quand ça lui arrive. Elle aussi elle se fait avoir régulièrement.

MATHILDE, *toute gênée*. – Oh! c'est pas vrai! Et je suis comme ça depuis ce matin? Mais comment je vais enlever ça?

LAURENT. – C'est coriace. Frottez pour voir.

MATHILDE. – Avec quoi? J'ai même pas un mouchoir, ou un chiffon propre qui traîne par là…

LAURENT. – Ah ça! Pour trouver un linge propre dans un garage… Tenez, prenez un bout de ma chemise. Le bas, ça se verra pas. *(Il enlève la chemise de son pantalon, et tend le bas de sa chemise à Mathilde.)*

MATHILDE. – Vous croyez? Oh non! J'ose pas. Arrêtez, ça s'fait pas.

LAURENT, *cool*. – Bof, au point où j'en suis aujourd'hui… Allez-y, ne vous gênez pas. On va mettre un peu d'eau dessus… *(Il prend une bouteille d'eau qu'il trouve et mouille un peu le bas de sa chemise.)* Et puis c'est la chose la plus propre que vous trouverez ici, de toute façon.

MATHILDE. – C'est vraiment gentil. Attendez, je m'assois. Ça va être plus simple, je vais être à la bonne hauteur. *(Elle s'assied et se frotte la joue avec le bas de la chemise de Laurent qui est resté debout. Entrée de Bruno qui voit son fils de dos, la chemise sortie, cachant Mathilde.)* Ça va, là?

LAURENT. – Je pense qu'il faut y aller un peu plus franchement, en fait.

> *Mathilde frotte son menton vigoureusement, ni l'un ni l'autre ne voit Bruno qui porte les deux mains devant sa bouche, estomaqué par la scène qu'il interprète mal.*

MATHILDE. – Et là? Ça donne quelque chose?

LAURENT. – C'est un peu mieux, oui. Mais sans vouloir être désagréable, y a encore du boulot!

MATHILDE. – Je vais être toute rouge, à force !

LAURENT. – Je crois que ça ne va pas partir aussi facilement… Faudra voir ça chez vous ce soir en mettant un peu d'huile. C'est un truc de grand-mère.

Bruno fait le tour de son fils et se retrouve face à lui. Découvrant l'innocence de la scène, il porte la main au cœur, soulagé.

BRUNO. – Mais que vous m'avez fait peur, tous les deux !

LAURENT. – Ben quoi, qu'est-ce que t'imaginais ? Ça va pas, non ?

MATHILDE, *confuse*. – Excusez-moi, monsieur Coquillot. C'est parce que j'avais du noir.

BRUNO. – Ouais, m'enfin bon, quand on ne sait pas ! Alors, alors, mais te voilà déjà rentré, mon fils salarié tout frais tout neuf ! J'ai pas vu la Safrane, tu l'as garée où ?

LAURENT, *embarrassé*. – Euh… le long du mur…

BRUNO. – Quelle drôle d'idée ! Bon, alors raconte ! Ce travail ?

LAURENT. – Triste à mourir.

BRUNO. – Ça consiste en quoi ?

LAURENT. – Oh… euh… accueillir des clients, essayer de leur vendre des… bibelots et des… des boîtes, des grandes boîtes.

BRUNO, *intéressé*. – Des boîtes ? Des boîtes de quoi ? De rangement ?

LAURENT. – Oui… de rangement, en quelque sorte…

BRUNO. – Et t'avais besoin d'un costard pour vendre des boîtes de rangement ?

LAURENT. – Oui, d'ailleurs le patron m'en a prêté un pour demain. Je l'ai rapporté en attendant d'en avoir un plus correct, il a eu pitié de ton costume de marié. Et puis faut être impeccable pour la clientèle… *(Il tente de changer de sujet.)* Tiens, maman n'est pas revenue ?

BRUNO. – Ah ! m'en parle pas ! Ils la gardent en observation à l'hôpital ! Ils craignent une infection, ils lui font des examens complémentaires. Tu parles d'une tuile !

LAURENT. – Justement, à propos de tuile…

BRUNO, *ignorant sa remarque.* – Alors Mathilde, va falloir revenir demain, parce que ma femme ne sera pas rentrée.

MATHILDE. – Pas de problème. Par contre, excusez-moi si je me mêle de quelque chose qui ne me regarde pas, mais si votre femme ne revient pas, votre voiture non plus, du coup ?

BRUNO. – Oh ! la vache ! J'avais pas pensé à ça ! Et puis la Safrane, demain, ça va pas être possible, Flagornet va se poser des questions à force.

LAURENT, *pour lui-même.* – Ah ça ! Il va s'en poser !

BRUNO. – Bon, ben tu prendras la Golf.

LAURENT. – Quelle Golf ?

BRUNO. – Celle qui est dans l'atelier, dont j'ai changé les bougies… entre autres…

MATHILDE. – Euh… excusez-moi si je me mêle encore de quelque chose qui ne me regarde pas, mais la dame, elle va revenir chercher sa voiture dans quelques minutes, parce qu'en plus elle a son dîner aux chandelles ce soir, qu'elle a dit.

BRUNO – Eh non ! On est obligés de garder la voiture en observation pour la nuit pour des examens complémentaires.

MATHILDE, *enjouée.* – Ah ! c'est comme votre femme ! C'est rigolo !

BRUNO. – C'est ça ! Bon, j'y retourne, moi. *(Il sort côté atelier.)*

LAURENT. – Et moi je vais me changer, et me reposer tranquillement là-haut deux minutes, histoire de trouver une ou deux bonnes idées. J'ai la tête qui va exploser. *(Il sort côté appartement.)*

Entrée de Flagornet.

FLAGORNET. – Bonjour, bonjour ! Enfin, re-bonjour, puisqu'on s'est vus ce matin.

MATHILDE. – Ah oui ! Re-bonjour, monsieur Flagogor…

FLAGORNET. – Bon, je viens aux nouvelles… Oh ! dites donc, c'est bizarre, vous savez que j'ai cru voir ma voiture, tout à l'heure, en ville, avec le fils de M. Coquillot au volant ? C'est curieux, hein ?

MATHILDE. – Ah ! les hallucinogènes, ça…

FLAGORNET. – Oui, parce que ça ne pouvait pas être lui, bien évidemment.

MATHILDE, *mentant avec assurance*. – Oh ! ben non !

FLAGORNET. – Surtout en costume ! *(Il rit.)* Alors s'il y a bien une chose impossible, c'est de le voir en costume, lui ! Comme quoi, les illusions d'optique, c'est marrant, non ? D'ailleurs, qu'est-ce qu'il devient, le petit Coquillot ?

MATHILDE. – Il repose en paix. Là-haut.

FLAGORNET. – Ah ! mon Dieu ! Il est… ? Il est… ? *(Il fait un signe de croix.)*

Entrée de Bruno.

BRUNO. – Ah ! m'sieur Flagornet, voilà ! Je viens juste de terminer votre voiture, j'ai changé le cardan cet après-midi dès que je l'ai reçu. Voilà, elle est prête.

Flagornet, *tête de circonstance.* – Merci, mais excusez-moi, je viens d'apprendre pour votre fils…

Bruno, *méfiant.* – Mon fils ? Mon fils… Mais comment êtes-vous au courant ? Et qu'est-ce que vous savez, exactement ?

Flagornet. – C'est terrible…

Bruno, *philosophe.* – Oh ! rassurez-vous, ce n'est pas si terrible que ça ! Il va s'y habituer, à cette nouvelle situation !

Flagornet. – De toute façon, il n'a pas vraiment le choix, le pauvre…

Bruno. – Ça va le changer un peu ! Et puis, honnêtement, on y gagne en tranquillité, ma femme et moi.

Flagornet. – Eh bien, vous êtes bien philosophe ! Le choc, sans doute. C'est normal… En tout cas, sachez que je suis bien désolé pour vous, je vous présente toutes mes condoléances…

Bruno. – Des condoléances ? Pourquoi ? C'est qui qu'est mort ?

Flagornet. – Mais… votre fils !

Bruno. – Mon fils ? Mais mon fils n'est pas mort, monsieur ! Il est même bien vivant !

Flagornet, *perdu.* – Mais votre secrétaire vient de me dire que…

Mathilde. – J'ai jamais dit qu'il était mort !

Flagornet. – Mais si !

Mathilde. – Mais non ! J'ai juste dit qu'il se reposait tranquillement dans sa chambre !

Flagornet, *complètement perdu.* – Sa chambre funéraire ?

Bruno. – Quoi ? Mais non, voyons !

FLAGORNET, *essayant de s'y retrouver*. – Ah! pardon… J'ai mal compris, alors?

MATHILDE. – C'est heureux. Mais, tenez, vous allez vite retrouver vos esprits : voici votre facture.

FLAGORNET, *content de changer de sujet*. – Ah oui! Alors, c'était quoi, docteur?

BRUNO. – Courroie de distribution et un cardan. J'ai aussi réajusté les niveaux et nettoyé la pompe à injection. Par contre, va falloir songer bientôt à regarder votre boîte de vitesse, y aurait bien un petit souci.

FLAGORNET. – Ah bon?

BRUNO. – Enfin, vous verrez en roulant… mais n'hésitez pas à revenir si vous voyez que ça coince un peu, à mon avis va falloir suivre ça de près.

FLAGORNET. – Ah oui! Je vais être vigilant parce que je ne suis pas du genre à prendre des risques inutiles, moi.

BRUNO. – Surtout pas! Tenez, vos clés. J'ai garé votre voiture près du mur, dehors.

MATHILDE. – Ah! vous ne l'avez pas déplacée, alors?

BRUNO, *la fusillant du regard*. – De quoi vous parlez, vous? Bon, m'sieur Flagornet, je vous laisse, je suis débordé!

FLAGORNET. – Oui, et encore merci, et… bonjour à madame, hein! *(Il lui lance un clin d'œil complice, sous-entendant des coquineries.)* Elle va bien, d'après ce que j'ai pu comprendre en fin de matinée…

BRUNO. – Disons qu'elle était bien remontée tout à l'heure, mais je pense que ce soir, ça va être une autre chanson! C'est que ça fatigue, ces conneries! Allez, à bientôt! *(Il sort côté atelier.)*

FLAGORNET, *hilare*. – Oh! sacré Coquillot! Il est en forme, hein? Bon, alors, ça me fait combien?

MATHILDE. – Neuf cent soixante-neuf euros.

FLAGORNET. – Ah! quand même!… *(Il complète son chèque.)* De toute façon, on ne peut pas éviter ces dépenses-là. L'entretien, le suivi, c'est très important. Mais moi, je dis, une voiture, c'est comme une femme : il faut toujours avoir la main au portefeuille! *(Il rit, content de sa blague, alors que Mathilde le fusille du regard.)* Et puis, c'est que ça consomme! *(Il tend le chèque à Mathilde qui le lui arrache des mains sèchement.)*

MATHILDE. – Merci. Au revoir.

FLAGORNET. – Au revoir, mademoiselle, et peut-être à bientôt!

MATHILDE. – Certainement plus tôt que vous ne le pensez. *(Sortie de Flagornet. Le téléphone sonne. Elle décroche.)* Garage du Virage, bonjour… Oui… Bonjour, monsieur… Un problème de direction? Bah oui, mais que voulez-vous que j'y fasse? Si tous les gens qui ont des problèmes avec leur patron appellent M. Coquillot en pensant qu'il peut faire quelque chose… Comment?… Ça vire à droite? Ben si vous êtes du côté gauche, vous êtes à l'abri du licenciement, non? Allô!… *(Elle raccroche.)* Et voilà! Encore un qui me raccroche au nez! Jamais j'aurais cru avoir tant de communications bizarres ici. C'est pas un garage, c'est un cabinet de psy, ma parole!

Entrée de Mme Delahouste.

MME DELAHOUSTE. – Bonsoir. Je viens rechercher ma voiture.

MATHILDE. – Ah oui! Mais M. Coquillot ne peut vous la rendre que demain.

MME DELAHOUSTE. – Quoi? Mais ça ne m'arrange pas du tout! Pourquoi ça?

MATHILDE. – Il veut la garder en observation pour la nuit, c'est peut-être pour voir si vos nouvelles bougies éclairent bien, sûrement…

MME DELAHOUSTE. – Oh là là ! Mais ça va me coûter combien cette affaire ?

MATHILDE. – Pour l'instant, M. Coquillot ne m'a pas donné les éléments. Mais sûrement pas en dessous de cinq cents euros… Enfin, j'en sais rien, en fait…

MME DELAHOUSTE. – Quoi ? Ah non ! Mais ça ne va pas être possible, ça !

MATHILDE. – Ah ! je vous assure que si, c'est possible !

MME DELAHOUSTE. – Est-ce que je peux lui parler, s'il vous plaît ?

MATHILDE. – Pour quoi faire ?

MME DELAHOUSTE. – Pour avoir des explications plus précises.

MATHILDE. – Pff… Vivement ce soir que je me couche, moi ! *(Elle ouvre la porte de l'atelier.)* M'sieur Coquillot !!! Y a la dame à qui vous voulez garder la voiture qu'est pas d'accord ! *(Mme Delahouste sort un carnet de son sac et écrit rapidement quelque chose. Mathilde est très intriguée.)* Qu'est-ce que vous écrivez sur votre petit carnet ?

MME DELAHOUSTE. – Des notes.

MATHILDE. – Ah… des notes… c'est donc… un carnet de notes ! Sauf que celui-là vous ne le faites pas signer par vos parents ! *(Elle s'aperçoit que Mme Delahouste ne réagit pas du tout à sa blague.)* Quand j'étais petite, j'étais toujours dans tous mes états quand il fallait faire signer le carnet de notes. Surtout quand il était mauvais… Ouais, enfin, il était toujours mauvais en fait. J'avais pas de bol, finalement. Sauf en gymnastique. J'étais très douée en gym, fallait voir comment je montais à la corde à nœuds ! Le problème c'est que ça ne me sert pas à grand-chose aujourd'hui, c'est dommage. S'il faut que je me balade partout avec une corde à nœuds pour montrer mes talents… Quoique là, je pourrais presque en installer une… *(Elle regarde le plafond.)*

Entrée de Bruno.

BRUNO. – Oui, c'est pour quoi ? Bonsoir, madame. *(À Mathilde.)* Qu'est-ce que vous regardez, vous ?

MATHILDE. – Oh ! rien ! Je me disais juste que c'était l'endroit idéal pour une corde, là, juste ici.

BRUNO. – De quoi ? C'est mon fils qui veut déjà se pendre, au bout d'une demi-journée de boulot ?

MATHILDE, *enthousiaste*. – Ah non ! C'était pour moi ! Non, mais ne vous inquiétez pas, je ne vais pas le faire… Ça ferait un peu désordre dans le bureau, quand même…

MME DELAHOUSTE – Excusez-moi de vous interrompre…

BRUNO. – Oui, pardon, alors… qu'est-ce que je vous sers ? Euh… non, je veux dire, c'est pour quoi ?

MME DELAHOUSTE. – Auriez-vous la gentillesse de me donner des nouvelles de ma voiture, s'il vous plaît ?

BRUNO – Vous êtes de la famille ? *(Content de sa blague.)* Hé ! hé ! hé !… Bien, alors, écoutez : elle va bien, je m'en suis bien occupé. Donc le problème d'allumage, c'est réglé ; par contre, y a plus grave. Vous n'avez pas remarqué que vous aviez une perte de puissance ?

MME DELAHOUSTE. – Euh… non.

BRUNO. – Ah si ! Vous avez une perte de puissance. Vous n'avez pas remarqué ?

MME DELAHOUSTE. – Mais non, je viens de vous dire !

Bruno, *ton grave.* – Eh ben, pourtant, y en a une. Et une sacrée.

Mme Delahouste. – Bon, si je n'ai rien remarqué, elle ne doit pas être si sacrée ! Et alors, ça veut dire quoi ?

Bruno, *dramatisant.* – Vous abîmez votre moteur, ma p'tite dame ! Je ne vous donne pas deux semaines pour avoir la plus grosse tuile de tous les temps. Si vous attendez, vous êtes bonne pour changer le moteur complètement !

Mme Delahouste. – Et vous allez me sauver la vie ?

Bruno. – La vie, je ne sais pas, mais j'ai pitié de votre moteur. Il faut changer le turbocompresseur.

Mathilde, *pour elle-même.* – Je savais pas qu'il y avait un aspirateur dans les voitures, moi !

Mme Delahouste. – Et ça justifie de vous laisser ma voiture jusqu'à demain ?

Bruno, *d'un air faussement détaché.* – Ah ! mais vous n'êtes pas obligée, ma p'tite dame ! Vous pouvez repartir si vous préférez avoir un moteur à changer dans quelques jours !

Mme Delahouste, *catastrophée.* – Oh non ! C'est pas vrai ! Et ça va me coûter combien, ça ?

Bruno. – Combien, combien… Moins cher qu'un moteur, en tout cas !

Mme Delahouste. – C'est-à-dire ?

Bruno. – Oh… dans les mille deux cents, quoi.

Mme Delahouste. – Mille deux cents euros ?!

Bruno. – Disons que je ne prends pas encore les dollars.

Mme Delahouste. – Vous êtes sûr que c'est absolument nécessaire ?

Bruno. – C'est vous qui voyez.

Mme Delahouste. – Et si je vais chez un de vos concurrents, vous pensez qu'il va me dire la même chose ?

Bruno, *vexé*. – Ah ! ben si en plus vous ne me faites pas confiance, alors là…

Mme Delahouste. – Bien. Je vais passer un coup de fil pour qu'on vienne me chercher. *(Elle prend son portable dans son sac et sort.)*

Bruno. – Ah ! les femmes ! J'vous jure ! Bon, vous allez pouvoir partir, Mathilde. Je ne paie pas les heures sup.

Mathilde. – Si vous voulez, je peux rester un peu…

Bruno. – Non, non, allez-y. Soyez là demain à neuf heures.

Mathilde. – D'accord. Alors à demain. *(Elle prend ses affaires et sort.)*

Le téléphone sonne. Bruno décroche.

Bruno, *au téléphone*. – Garage du Virage, ouais… Ah ! Mado ! Alors, ça va ?… Ouais, ça va si on veut. Tu sais pas qui j'ai vu aujourd'hui ? Une journaliste du magazine « Auto-satisfaction » !… Si, j'te jure ! Une pétasse de premier ordre, j'ai pas pu faire comme d'habitude, elle m'a piégé et raboté la facture, j'te raconte pas !… Ouais, une enquête… Non, non, on ne craint rien, mais c'est moi qui ai eu le dernier mot !… Parce qu'avant de lui rendre sa voiture, je lui ai sectionné une durite, elle va pas aller bien loin. Ça lui apprendra ! *(Mme Delahouste entre à nouveau.)* Non, mais si elle croit que je vais me laisser intimider parce que Madame est journaliste à « Auto-satisfaction » et qu'elle va me faire du chantage !

(Mme Delahouste semble soudain très intéressée par la conversation.) Tout à fait, bibiche, je suis d'accord avec toi : c'est de l'abus de pouvoir !… Ah ! t'as de la visite ?… Le médecin ?… Ouais, rappelle-moi… D'accord. *(Il raccroche.)*

MME DELAHOUSTE. – Excusez-moi, monsieur, je ne devrais pas vous dire ça, mais j'ai entendu la fin de votre conversation par hasard…

BRUNO. – Oh ! ne vous inquiétez pas ! Y a rien de secret dans ce que vous avez entendu.

MME DELAHOUSTE. – Non, mais quelque chose m'intrigue… Vous avez parlé du magazine « Auto-satisfaction » ?

BRUNO. – Oui, le magazine préféré de tous les garagistes, et tous les amoureux des bagnoles. Je ne pense pas que ce soit votre genre de lecture. Ils ont envoyé une espionne, une espèce de journaliste hystérique motivée pour me piéger, histoire de voir si j'étais malhonnête et me balancer une mauvaise pub dans son journal. Lamentable.

MME DELAHOUSTE. – Vous avez eu la visite d'une journaliste d' « Auto-satisfaction » aujourd'hui ?

BRUNO. – Ouais, puisque je vous le dis.

MME DELAHOUSTE. – Excusez-moi, mais ce n'est pas possible, monsieur !

BRUNO. – Et pourquoi ?

MME DELAHOUSTE. – Parce qu'il n'y a qu'une seule femme journaliste à « Auto-satisfaction »… et c'est moi. *(Elle sort sa carte de presse et la présente à Bruno, estomaqué.)*

RIDEAU

ACTE III

*Le lendemain matin. Bruno est seul dans le bureau, au télé-
phone avec sa femme.*

BRUNO. – Écoute, Mado, je te dis qu'elle m'a sorti sa carte de
journaliste !… Mais j'en sais rien, moi, qui c'est l'autre ! C'est bien
la question que je me pose !… Je ne sais pas si je vais la revoir, comment veux-tu… Hein ?… Ah ! ben ça, tu peux me croire : je ne vais
pas la louper si elle revient ! Tu vas voir comment je vais lui arranger
sa durite !… Elle avait préparé son coup, c'est une pro, je te le dis !
Elle doit avoir l'habitude ! Une vidange à vingt-cinq euros, sacré bon
sang de bourrique !… Non, je ne crois pas qu'elles se connaissent,
non… Écoute, j'ai plein de questions sans réponses, alors je ne
peux pas t'en dire plus pour le moment… Bon, tu sors quand ?…
Dans la journée ? Ah ! ben quand même ! Ils ne vont pas te garder
jusqu'à Noël !… Quelle bande de voyous ces toubibs ! C'est simple :
on est entourés d'escrocs, j'te dis !… Ouais… D'accord, à tout à
l'heure. *(Il raccroche et prend un air moqueur quand il voit son
fils arriver.)* Bonjour, monsieur, c'est pour quoi ? Nom d'un chien,
Laurent ! Mais t'es beau comme un camion tout neuf ! Les clients
vont tomber raides quand ils vont te voir !

LAURENT, *bougonnant.* – Ils sont déjà raides avant d'arriver, alors…

BRUNO. – Qu'est-ce que tu dis ?

LAURENT. – Rien, rien.

BRUNO. – J'en reviens pas que tu doives être si beau juste pour vendre des boîtes !

LAURENT. – C'est des belles boîtes.

BRUNO. – Ça, je te crois ! Ça s'appelle comment ?

LAURENT. – Écoute, j'ai pas trop le temps de t'expliquer là.

BRUNO. – Le nom de ta boîte, je te demande ! C'est pas long !

LAURENT, *mollement*. – Euh… je ne sais plus, je te dirai ça ce soir… entreprise de… je ne me rappelle pas…

BRUNO. – J'adore ton enthousiasme ! Mais… mais… Oh ! les godasses ! Tu sors ça d'où ?

LAURENT. – Le patron me les a prêtées aussi. Les miennes n'étaient pas assez sobres, paraît-il.

BRUNO. – Ah ! ben celles-là, elles le sont ! Elles sont même tellement tristes qu'on dirait des pompes… funèbres ! *(Il rit.)*

LAURENT. – Très drôle ! Alors, c'était maman ? Elle rentre quand ?

BRUNO. – Elle espère dans la matinée.

LAURENT. – Bon, je vais aux toilettes et je pars. *(Il ressort côté appartement.)*

> *Entrée de Flagornet.*

BRUNO. – Monsieur Flagornet ? Qu'est-ce qui se passe ?

FLAGORNET. – Je suis furieux ! Figurez-vous que j'ai retrouvé ma portière passager défoncée !

BRUNO. – Quoi ? Comment ça ?

FLAGORNET. – Je ne sais pas quand ça s'est produit. Quand je vous ai quitté hier soir, je suis juste passé au tabac, je me suis garé sur la place… Alors est-ce que c'est à ce moment-là que c'est arrivé, j'en sais rien… Et puis, bien entendu, pas un mot sur le pare-brise, rien ! Quelle société ! Mais quelle société ! Vous n'allez pas me dire que le coupable ne s'est rendu compte de rien !

BRUNO, *un peu gêné*. – Ah ! mon brave monsieur, m'en parlez pas ! Bon, ben vous me la laissez, je vais vous arranger ça… Je vais m'occuper de la carrosserie !

FLAGORNET. – Je vais prendre un abonnement chez vous, c'est pas possible ! Une pension complète ! Bon, il faut que je passe voir l'assurance, en plus ! Tenez, je vous laisse les clés, je vais y aller à pied, ça va me défouler.

BRUNO. – Venez avec moi, on va aller voir ça ensemble.

FLAGORNET. – Non, je ne veux même pas vous accompagner dans l'atelier tellement je suis énervé. De toute façon, je vous fais confiance… Ah ! ces bandits ! Maudites crapules !…

Il sort. Entrée de Laurent. Son père le regarde d'un air suspicieux.

BRUNO. – Dis donc…

LAURENT. – Quoi ?

BRUNO. – Flagornet vient de me ramener sa Safrane… avec la portière passager défoncée.

LAURENT, *faussement étonné*. – Ah bon ?

BRUNO. – C'est pas toi, j'espère ?

LAURENT, *tentant de sembler à l'aise*. – Ça va pas ?! Tu crois que j'aurais pu te cacher une énormité pareille, peut-être ?

Bruno. – J'en sais rien, j'avoue que j'ai pas vérifié la bagnole, Flagornet est revenu juste après toi et je me suis pas amusé à faire le tour de la Safrane pour voir si elle était nickel !

Laurent. – Ben non, c'est pas moi, non. Je ne joue pas aux auto-tamponneuses. Je bosse, moi !

Bruno. – Merci de me le rappeler… Oh ! que j'aime entendre ça ! « Je bosse, moi ! » Ah ! comme c'est doux à mes p'tites n'oreilles ! Tu peux le redire encore une fois ?

Laurent. – Oui, ben ne te réjouis pas trop vite, c'est un CDD, et en plus je suis à l'essai pour le moment ! Bon, et je prends quelle voiture ?

Bruno. – Pas celle de Flagornet, puisque je refais la carrosserie.

Laurent. – Je ne te demande pas celle que je ne prends pas, je te demande celle que je prends !

Bruno. – Prends la Citroën de Mignot. Je vais l'appeler pour lui dire qu'il ne revienne la chercher que ce soir.

Laurent. – Les clés sont dessus ?

Bruno – Oui. *(Sortie de Laurent côté atelier. Entrée de Mme Grixystzwick.)* Tiens, tiens, tiens… Mais qui voilà ?

Mme Grixystzwick. – Bonjour.

Bruno, *légèrement sarcastique*. – Bonjour, madame la journaliste de « Auto-satisfaction » ! Je ne pensais pas vous revoir ! Qu'est-ce qui se passe ? Pas de problème, j'espère ?

Mme Grixystzwick. – Il y a un voyant dans ma voiture.

Bruno. – Un voyant ? Allons bon ! Et alors, il vous a prédit l'avenir ? *(Il éclate de rire, mais pas elle.)*

Mme Grixystzwick. – Oui, c'est un voyant qui m'annonce un problème, j'en ai peur !

Bruno, *ayant du mal à cacher sa satisfaction.* – Oh ! ben ça c'est bête alors !

Mme Grixystzwick, *mielleuse.* – Et comme vous avez été charmant hier, et pour avoir une bonne pub dans mon journal, je suis sûre que vous allez m'arranger ça rapidement…

Bruno, *torse bombé, prenant l'avantage sur elle.* – Mais bien entendu, ma p'tite dame. Je vais vous arranger ça, vous pouvez me croire !

Mme Grixystzwick. – Ce n'est sûrement pas grand-chose…

Bruno. – Ah ! tant qu'on n'a pas regardé, on ne peut pas savoir, ma p'tite dame. Mais vous pouvez avoir confiance, je vais faire tout ce qu'il faut.

Mme Grixystzwick, *essayant de paraître à l'aise.* – Surtout que maintenant que vous savez qui je suis, au moins les choses sont claires, et je suis sûre que vous n'allez pas me rouler. Vous, au moins, vous êtes honnête ! Je le sais bien !

Bruno. – Mais oui, mais oui… Il ne manquerait plus que ça que je vous roule !

Mme Grixystzwick. – Bon, on fait comment ? J'attends ici ?

Bruno. – Ah ! j'aimerais bien voir ça tout de suite, mais je suis débordé de boulot, ma pauv' dame ! Déjà si j'arrive à voir ça en début d'après-midi, ce sera bien, vous voyez.

Mme Grixystzwick. – Oh là là ! Si longtemps ? *(Féline.)* Même pour moi ?

Bruno. – Laissez-moi votre numéro de portable, et je vous fais prévenir dès que j'ai fini. D'accord ?

Mme Grixystzwick. – D'accord. Alors c'est le 06…

Bruno, *rusé.* – Oh! laissez-moi votre carte, ça va être plus simple!

Mme Grixystzwick. – Ma carte?

Bruno. – Votre carte de visite! Ça m'étonnerait que vous n'ayez pas ça sur vous, en bonne journaliste que vous êtes.

Mme Grixystzwick. – Oh! quelle sotte! Je les ai laissées sur mon bureau!

Bruno. – Ah bon! Ben tant pis, notez-le ici.

Mme Grixystzwick. – Vous m'appelez, hein? Qu'est-ce que ça peut être, à votre avis?

Bruno. – Ah! j'sais pas! Je suis garagiste, pas voyant!

Mme Grixystzwick. – Bon, à tout à l'heure, mais faites vite, parce que je ne peux pas continuer mon enquête pendant ce temps.

Bruno. – Eh oui! Cette fameuse enquête… *(Mme Grixystzwick sort côté entrée, il attend qu'elle ferme la porte pour changer de ton.)* Tu vas voir ton enquête, ma poulette! Je vais t'en coller un max, tu vas t'en souvenir de celle-là! *(Il se frotte les mains de satisfaction.)* Y a une justice, quand même! Bon, au boulot… Oh! merde! *(Il ouvre la porte de l'atelier.)* Laurent!!! Attends! J'ai pas fini les freins sur la Scénic de Mignot!!! Laurent!!! Ah! il est déjà loin… Et merde!

Entrée de Mathilde.

Mathilde. – Bonjour, m'sieur Coquillot!

Bruno. – Ouais, bonjour. Vous êtes en retard, non?

Mathilde. – Oui, désolée, mais je suis venue en vélo aujourd'hui, et je suis restée deux minutes à regarder un accident qui vient juste d'arriver : une voiture s'est arrêtée au feu rouge d'une façon originale.

BRUNO. – Comment ça, originale ?

MATHILDE. – Ben elle s'est arrêtée au feu… dans le feu. Elle a foncé dedans. Ah ! j'ai tout vu, moi ! Juste au carrefour avant d'arriver ici, vous savez ? On avait l'impression qu'elle voulait s'arrêter, mais qu'elle n'y arrivait pas, un peu comme si y avait plus de freins !

BRUNO, *catastrophé*. – Oh non ! Et c'était quoi comme voiture ?

MATHILDE. – Alors là, je ne sais pas, moi. Je ne connais pas les marques.

BRUNO. – Bon, et la couleur ? Vous connaissez vos couleurs, au moins ?

MATHILDE. – Ben oui, quand même. C'était une voiture verte.

BRUNO. – Ouf, ça va…

MATHILDE. – Ou bleue peut-être. Enfin dans ces eaux-là.

BRUNO. – Faudrait savoir ! Vert et bleu, c'est quand même différent ! Bleu métallisé ? Avec des jantes alu ?

MATHILDE. – Euh…

BRUNO. – Bleu comment ? Essayez de vous souvenir, bon sang ! Bleu ciel ?

MATHILDE. – Oui, peut-être. Mais un ciel chargé, alors.

BRUNO. – Oh ! bon sang de bonsoir, mais c'est pas vrai ! La Scénic de Mignot !

> *Il sort en courant par l'entrée. Le téléphone sonne. Mathilde décroche.*

MATHILDE, *au téléphone, très pro, peut-être trop*. – Allô ! Bonjour, le garage du Virage à votre service, je vous écoute, bonjour, Mathilde à l'appareil, que puis-je faire pour vous ?… Bonjour… Oui… Laurent Coquillot ? Euh… non, il n'est pas là, il est parti au travail je pense,

il a un nouveau travail depuis hier, ça ne l'emballe pas, mais bon…
Ah ! vous êtes son employeur ?… Comment ça il n'est pas arrivé ?…
Ah non ! Je ne suis pas au courant, mais si je peux me permettre, il
y a un petit accrochage près d'ici et la circulation est ralentie, alors
il va peut-être arriver un peu en retard. Enfin, entre nous, comme
disait ma grand-mère, il vaut mieux arriver en retard qu'arriver en
corbillard, c'est pas à vous que je vais expliquer ça !… Oui, je vous
écoute, je vous écoute, je suis à votre service, que puis-je faire pour
vous ?… Rien ? Ah bon. Qu'est-ce qu'on fait, on raccroche alors ?…
Mais bien sûr. Merci. Au revoir. Le garage du Virage vous souhaite une
bonne journée et un bon voyage. *(Elle raccroche, très contente d'elle.)*
Ça rentre vite le boulot quand on veut se donner la peine. *(Entrée de
Madeleine.)* Bonjour, madame !

MADELEINE. – Bonjour. Eh bien, il y a de l'animation dans le
bourg ! Tout ça pour un peu de tôle froissée au carrefour… Y a personne là-dedans ?

MATHILDE. – Si. Y a moi.

MADELEINE. – Et les hommes, ils sont où ?

MATHILDE. – Ben M. Coquillot est parti voir l'accident, je suppose pour se distraire un peu. Et puis son fils, il est à la messe.

MADELEINE. – Euh… Laurent ?

MATHILDE. – Oui. Pourquoi ? Il a un autre fils ?

MADELEINE, *éberluée*. – Laurent est parti à la messe ?

MATHILDE. – Il avait une messe à dix heures, qu'il m'a dit hier soir.

MADELEINE. – Pardon ? Attendez, j'y comprends rien du tout, là.

MATHILDE. – Mais si vous avez un problème de voiture, asseyez-
vous, M. Coquillot ne va pas tarder. Je vous offrirais bien un café,
mais le café est dégueulasse ici. Imbuvable, je n'ai jamais vu ça. J'en

donnerais même pas à mon chien. En supposant que les chiens boivent du café, parce qu'en général, ils n'en boivent pas. Même au petit déjeuner… Et vous savez pourquoi ils n'en boivent pas, du café ? Ben c'est tout bête : on ne leur en propose pas ! Nous, les humains, on a des idées préconçues, franchement, c'est dommage pour les chiens.

MADELEINE, *estomaquée.* – Laurent est parti à la messe ?! Laurent ?! À la messe ?!

MATHILDE. – Ah ! vous en étiez restée là ? Pardon, j'avais avancé, moi…

MADELEINE, *même jeu.* – À la messe ?! Laurent ?!

MATHILDE. – Ah ! d'accord ! Y a un bug… *(Le téléphone sonne. Elle décroche et débite d'une traite :)* Allô bonjour le garage du Virage Mathilde à votre service je vous écoute bonjour que puis-je faire pour vous ? *(Tête ahurie de Madeleine.)* Parler à Mme Coquillot ? Ah non ! Elle n'est pas là, je suis la secrétaire remplaçante.

MADELEINE. – Non, mais attendez, c'est moi madame Co…

MATHILDE, *la coupant, au téléphone.* – Non, je ne sais pas quand elle rentre, elle était à l'hôpital, je crois… Non, rien de grave, j'ai cru comprendre qu'elle se faisait enlever des amygdales ou des hémorroïdes, je ne sais plus trop, mais c'est dans ce coin-là… Vous voulez que je prenne un message ?

MADELEINE. – Mais c'est moi madame Co…

MATHILDE, *au téléphone.* – Vous rappellerez ? D'accord… Au revoir, madame ! *(Elle raccroche.)*

MADELEINE. – Mais qu'est-ce que c'est que cette histoire d'amygdales ? N'importe quoi ! C'était pour un grain de beauté !

MATHILDE. – Ah bon… Oh ! c'est pas grave ! Je savais que c'était pour enlever quelque chose de gênant, mais je ne me souvenais plus quoi…

MADELEINE. – Je crois que vous n'avez pas compris que je suis madame Coquillot !

MATHILDE. – Ah bon ? Ah ! ben fallait le dire plus tôt !

MADELEINE. – Il aurait fallu que je pusse !

MATHILDE. – Désolée, j'espère que vous ne m'en voulez pas trop. Je ne vous connaissais pas.

MADELEINE. – Pff… Bon, je vais poser mes affaires et je reviens discuter avec vous. Vous allez m'expliquer cette histoire de messe.

Elle sort côté appartement. Entrée de Bruno.

MATHILDE. – Ah ! monsieur Coquillot ! Y a votre mère qui vient d'arriver !

BRUNO, *ébahi*. – Ma mère ?!

MATHILDE. – Ben oui, Mme Coquillot, c'est bien votre mère, non ? Elle vient de rentrer dans votre appartement.

BRUNO. – Quoi ?! *(Il se rue vers la porte, l'ouvre et crie.)* Maman ! C'est toi ? Maman ?!

Madeleine arrive sur le seuil et lui fait face.

MADELEINE. – Qu'est-ce qui t'arrive, toi ? Je pars vingt-quatre heures et t'appelles déjà ta mère ?

BRUNO. – Mado ?!

MADELEINE. – Tu me reconnais ? C'est déjà bien !

BRUNO. – Ah ! ma bibiche, t'es revenue ! *(À Mathilde.)* Vous êtes malade, vous ! C'est ma femme, pas ma mère !

MATHILDE. – Ah! pardon! Désolée, mais tout le monde peut se tromper! Mais c'est pas écrit sur son front non plus!

MADELEINE, *vexée*. – Ah! ça fait plaisir! Je sais que j'ai pris un coup de vieux, m'enfin quand même!

BRUNO. – Mais non, Mado, ne fais pas attention… Alors comme ça t'es rentrée? Ça tombe bien, j'ai besoin de la voiture. Je repars. Une urgence.

MADELEINE, *vexée*. – Je vais bien, merci. Et toi?

BRUNO, *absent*. – Ah oui! Pardon… Ça va?

MADELEINE, *un peu plaintive*. – C'est un peu douloureux, en fait.

BRUNO, *perturbé*. – Ah! ben tant mieux! Je suis bien content. Voilà, je prends la voiture, je reviens tout de suite. *(Il ressort précipitamment.)*

MADELEINE. – Mais qu'est-ce qui se passe ici? J'ai l'impression que je ne suis même pas chez moi! Je ne comprends rien, et je ne reconnais plus mon mari!

MATHILDE, *réconfortante*. – C'est l'anesthésie… Ça va passer.

MADELEINE. – Je vais me faire un petit café pour me remettre les idées en place. *(Elle ressort côté appartement.)*

MATHILDE. – Un café? Eh ben, bon courage…

Entrée de Mme Delahouste.

MME DELAHOUSTE. – Bonjour…

MATHILDE. – Ah! bonjour! La dame aux chandelles! Alors, vous l'avez organisé ce dîner romantique?

MME DELAHOUSTE. – Oui… Je me suis arrangée, malgré mes soucis d'hier avec cette voiture et ce contretemps, j'ai réussi à préparer mon repas, et j'ai gagné le gros lot : mon fiancé m'a demandée en mariage hier soir !

MATHILDE, *enthousiaste.* – Oh ! c'est pas vrai ?! Oh ! comme je suis contente pour vous ! Ça s'arrose ! On va se boire un petit café. Ah ! ben non, pas un café, euh… Bon, ben je suis vraiment contente pour vous !

MME DELAHOUSTE. – Merci. Ça me donne du courage pour affronter la douloureuse !

MATHILDE. – Qui ça ?

MME DELAHOUSTE. – La facture. Vous vous souvenez de ce que m'a annoncé votre patron hier, pour le turbocompresseur…

MATHILDE. – Ah oui…

MME DELAHOUSTE. – Vous savez si elle est prête ?

MATHILDE. – Non, et puis ce matin M. Coquillot court dans tous les sens, comme un lapin égaré. Je ne sais pas ce qu'il a.

Entrée de Bruno, essoufflé.

BRUNO. – Quelle tête de mule ! *(Les deux femmes le regardent, étonnées.)* Je ne sais pas si je vais y arriver aujourd'hui ! *(À Mathilde, qui semble ne pas comprendre.)* Échange de voitures en catastrophe… Ah ! bonjour, madame !

MME DELAHOUSTE. – Bonjour. J'espère qu'il n'est pas trop tôt, je ne sais pas si vous avez fini…

BRUNO. – Ah ! alors justement, j'ai une très bonne nouvelle pour vous, ma p'tite dame : je me suis bien penché sur votre problème, et finalement, vous allez pouvoir éviter la réparation du turbo. Y avait juste une poussière dans l'moteur, donc j'ai tout démonté et nettoyé, vous allez pouvoir continuer à rouler tranquillement, comme ça.

Mme Delahouste. – C'est vrai ? Plus besoin de changer le turbo ?

Bruno. – Oh ! vous savez, quand je peux arranger les clients… surtout des jolies dames, hein… Bon, je ne vous cache pas que j'y ai passé une bonne partie de la nuit, sous votre capot.

Mme Delahouste. – Ah bon ?

Bruno. – Bah oui, ça m'embêtait de vous mettre dans l'embarras, je m'arrange toujours au mieux pour que mes clients soient satisfaits, vous voyez.

Mme Delahouste. – Eh bien, vous êtes hors normes, vous ! Quel sens du service ! Si tous les garagistes étaient comme vous !

Bruno, *faussement modeste*. – C'est ma nature, vous savez… C'est vrai que dans la région, je suis bien le seul à avoir cette mentalité, mais bon, on est des humains, pas des bêtes, hein !

Mme Delahouste. – C'est vraiment gentil à vous. Combien je vous dois, alors ?

Bruno. – Euh… ben on n'a pas encore sorti la facture, aujourd'hui on est un peu débordés. Vous pouvez repasser dans une heure ou pas ?

Mme Delahouste. – Oh oui ! Surtout si je peux récupérer ma voiture.

Bruno. – Oui, allez-y, les clés sont dessus. Ah ! ça vaudrait presque un abonnement gratuit à « Auto-satisfaction », ça, hein ? *(Il rit bêtement.)*

Mme Delahouste. – Oui, c'est vrai. Bon, à tout à l'heure alors.

Bruno, *tentant de la charmer*. – Ou un bel article pour votre enquête !

Mme Delahouste sourit et sort.

MATHILDE, *admirative.* – Ben dites donc, vous êtes vraiment gentil.

BRUNO. – Eh ouais ! Bon, c'est pas le tout, me voilà avec un pare-chocs défoncé maintenant. Si un M. Mignot appelle, dites-lui de ne pas venir avant ce soir, et que ça se complique. Enfin, trouvez un truc, je fais confiance à votre imagination.

MATHILDE. – D'accord.

Bruno sort côté atelier. Entrée de Madeleine avec une tasse de café.

MADELEINE. – Bon, me voilà. Alors, on se calme et on va essayer de comprendre ce qui se passe ici. Reprenons depuis le début : où est mon fils ?

MATHILDE. – Je vous l'ai dit tout à l'heure. Sauf que là, elle doit être finie la messe.

MADELEINE. – Qu'est-ce que c'est que cette histoire de messe ? Laurent travaille au garage tous les jours, il ne s'est pas converti en curé en une journée !

MATHILDE. – Mais non ! C'est pas ça du tout ! Vous n'êtes pas au courant ? Hier il a été convoqué pour un travail, sinon les Assedic lui « coupaient les livres ». Alors il y est allé sans trop savoir ce qui l'attendait, et en fait, c'est un boulot de croque-mort !

MADELEINE. – Quoi ?! Croque-mort ?

MATHILDE. – Mais il ne veut pas que son père le sache. Alors moi, j'ai rien dit. Donc à vous, je le dis, parce que vous, vous n'êtes pas son père. Sinon je vous aurais rien dit. Forcément. Et ce matin il avait une messe d'enterrement. Je suppose que son patron l'envoie à l'église pour bien vérifier que le cercueil qu'ils ont vendu tienne le coup… si les gens sont contents… tout ça, quoi.

MADELEINE. – Mon Dieu ! Le pauvre chéri ! Comme ça doit être difficile ! Et en plus il n'ose pas le dire à son père ! Que ce secret doit lui peser ! Et quel courage ! Quel courage ! Mais comment y est-il allé, vu que j'avais pris la voiture ?

MATHILDE. – Oui, alors là ça se complique… Disons qu'il a un peu emprunté la voiture d'un client.

MADELEINE. – Mon dieu ! Mais il ne faut jamais faire ça ! Et s'il avait eu un problème avec ? Je n'ose même pas y penser…

MATHILDE. – Moi non plus.

MADELEINE. – Quelle histoire ! Il doit être complètement déprimé, le pauvre !

MATHILDE. – Oh ! rassurez-vous, c'est un métier comme un autre ! Et puis il ne voit pas que des morts non plus !

MADELEINE. – Vous croyez ?

MATHILDE. – Non, y a tous les vivants qui pleurent à côté à s'occuper aussi.

MADELEINE. – Oh ! arrêtez ! J'ai mal rien que d'y penser…

MATHILDE. – Ils ne vous ont pas donné de cachets antidouleur à l'hôpital ?

MADELEINE. – Oh ! mon pauvre petit minou !

MATHILDE. – Ah ! d'accord ! Il était à cet endroit-là, votre grain de beauté ? Je comprends que ce soit un peu délicat…

Entrée de Bruno, sifflotant.

BRUNO. – Bien, passons aux choses sérieuses. Où est le numéro de portable de Mme Grizzli…

MADELEINE. – C'est la fameuse journaliste ?

BRUNO. – Non, celle qui m'a fait croire qu'elle en était une. Et c'en est une belle, mais pas une journaliste.

MATHILDE. – Qui est journaliste ?

BRUNO. – Ah ! c'est vrai ! Vous avez loupé des épisodes, vous. La cliente d'hier matin a manigancé tout un plan pour avoir sa vidange à l'œil. Elle m'a fait croire qu'elle était journaliste à « Auto-satisfaction », et j'ai découvert que c'était faux. Malheureusement pour elle, elle a dû revenir parce qu'un voyant s'est allumé sur son tableau de bord.

MATHILDE. – Alors là, vous voyez, c'est bien fait pour elle. C'est quand même un clin d'œil du destin qu'elle ait eu à nouveau besoin de vous !

MADELEINE, *complice envers son mari*. – Quelquefois il faut savoir donner un coup de pouce au destin.

BRUNO. – Bon, il est où ce numéro ?… Ah ! voilà ! *(Il compose le numéro.)* Allô ! Oui, madame Grixxgr… grr… Bon, allô, madame ? Voilà : Coquillot à l'appareil. Bon, dites-moi, j'ai ausculté votre voiture, là. Ça se complique… Vous n'avez pas remarqué que vous avez une perte de puissance ?… Si, y a une perte de puissance, vous n'avez pas remarqué ?… Une sacrée, même… Ah oui ! Vous abîmez votre moteur ma p'tite dame, et je ne vous donne pas deux semaines pour connaître la plus grosse tuile de tous les temps… Ah ! ben c'est un problème de turbocompresseur, il faut le changer, hein… Ah non ! Je ne plaisante pas du tout, non… Comme vous voulez. Si vous voulez attendre et que vous préférez carrément changer le moteur dans deux semaines, moi ça m'dérange pas, hein !

MATHILDE, *étonnée*. – Ah ! dites donc, c'est le même problème que l'autre dame ! Il doit y avoir une épidémie ou un virus qui traîne…

BRUNO, *au téléphone.* – C'est vous qui voyez. Mais c'est grave, je vous le dis… Ah! combien, combien… Ça vous coûtera toujours moins cher qu'un moteur! Normalement c'est dans les deux mille euros, mais comme c'est vous, je vous ferai une petite remise… Oui… Je vais essayer de vous le laisser à mille huit cents… Ah! ben ça je sais que vous êtes déçue, et y a pas que vous d'ailleurs!

MATHILDE, *à Madeleine.* – Moi je ne suis pas déçue, je ne sais pas de qui il parle. Vous êtes déçue, vous?

MADELEINE. – Non, non.

BRUNO, *au téléphone.* – Alors, j'y vais ou pas?… Si, vous avez le choix, on a toujours le choix : soit vous changez un turbo aujourd'hui, soit un moteur dans deux semaines. Vous prenez quoi?… Entendu, alors je me mets au boulot… *(Il raccroche.)*

MATHILDE. – Y a une épidémie de compresseurs, hein monsieur Coquillot?

BRUNO. – Oui, certaines choses sont contagieuses.

MATHILDE. – J'espère que je ne vais pas en attraper un… Ah! ben c'est vrai, j'ai pas de voiture…

BRUNO. – Tenez, vous pouvez déjà commencer à préparer la facture. *(Il écrit sur un papier.)* J'y retourne.

MADELEINE. – Euh… Nono?

BRUNO. – Oui?

MADELEINE. – Tu sais où est Laurent?

BRUNO. – Ah oui, c'est vrai, t'es pas au courant. Il a trouvé du boulot, mais il ne veut pas trop en parler pour l'instant, il vend des boîtes en costume. C'est tout ce que je sais. Écoute, je… je suis un peu débordé, on en reparlera tout à l'heure.

Il sort.

MADELEINE. – Oh! la belle fuite! Eh bien, je n'ai plus qu'à attendre le retour de mon fils… Puisque de toute façon vous êtes là, autant que j'en profite pour me reposer.

Elle se dirige vers la porte de l'appartement. Sonnerie du téléphone. Mathilde décroche.

MATHILDE, *au téléphone*. – Allô! Bonjour, le garage du Virage vous accueille du lundi au samedi, de neuf à dix-huit heures, que puis-je pour votre service, Mathilde à l'appareil, pour vous servir, bonjour? *(Madeleine lève les yeux au ciel et sort.)* Ah! monsieur Mignot, oui, alors, monsieur Mignot, tout d'abord : bonjour, monsieur Mignot!… Oui, oui, je suis nouvelle, mais au courant pour votre véhicule, une magnifique sonique, je crois… Scénic, oui. Alors, que je vous dise : on a une épidémie au garage. Vos freins sont atteints, et le devant aussi : le râtelier, le dentier si vous préférez… M. Coquillot est sur l'affaire, une opération délicate. Mais il fait son possible pour qu'elle ne souffre pas trop… Non, demain, demain. Il est débordé, débordé. Je suis obligée de raccrocher, à cause des vapeurs de microbes… Je vous laisse… *(Elle raccroche.)* Oh là là! J'ai été géniale, là, je crois!

RIDEAU

ACTE IV

*Fin de la journée pour tout le monde. Mathilde est au bureau.
Bruno entre.*

BRUNO. – Bon, eh bien je crois qu'on a fait le tour. Vous avez préparé toutes les factures?

MATHILDE. – Oui, tout comme vous m'avez demandé.

BRUNO. – Alors, montrez-moi ça… La Scénic, les freins, ventilation dans la calandre… Mmm mmm… Un pare-chocs neuf… Voilà… Et notre Twingo, elle en est où?

MATHILDE. – Ici.

BRUNO. – Mille neuf cent quarante euros. Parfait. Parfait. Voilà ce que j'appelle une bonne journée!

MATHILDE. – C'est pas le cas de tout le monde, à mon avis.

BRUNO. – Vous m'appelez si y a un problème. Mais de toute façon, y en aura pas. *(Entrée de Laurent.)* Et qui voilà? Mon joli fils!… Ah! je ne m'habitue pas à te voir en costard! J'ai toujours l'impression qu'il y a une erreur!

LAURENT. – L'erreur te remercie.

BRUNO. – Allez, prends pas la mouche! Alors, ce boulot?

Laurent. – Je sais pas. C'est bizarre.

Bruno. – Ah ! ben ça, travailler ça fait toujours bizarre quand on n'a pas l'habitude !

Laurent. – Ha. Ha. Ha. Toujours aussi drôle.

Bruno. – Bon, alors c'est quoi ce job ? Tu m'expliques ou pas ?

Laurent. – Oh ! ça va, c'est bon ! Je ne suis rentré que depuis trente secondes et tu me sautes dessus avec ton interrogatoire ! J'ai le droit de respirer un peu ?

Bruno, *le taquinant*. – Oh ! petit choupinou à son papa ! Il est fatigué de sa grosse journée ! Tu veux une petite bière ?

Laurent. – Euh… non, pour la bière, j'ai eu ce qu'il fallait, merci.

Bruno. – Bon, alors tant mieux. Ta mère va être contente de te voir. Allez, j'y retourne, moi.

Il sort côté atelier. Entrée de Madeleine.

Madeleine. – Ah ! mon chéri ! J'étais inquiète ! Ça va ? Il paraît que t'as trouvé un travail ? T'as l'air fatigué…

Laurent. – Je suis mort.

Madeleine. – Oui, ben oui. Normal, vu ton nouvel emploi.

Laurent. – Quoi ?

Madeleine. – Écoute, je vais t'épargner une torture, je sais que tu travailles aux pompes funèbres.

Laurent. – Quoi ? Mais comment tu le sais ? Qui te l'a dit ?

Mathilde, *toute fière*. – Ben c'est moi !

Laurent. – Mais c'est pas possible ! Je vous avais pourtant dit de ne rien dire, vous !

Mathilde. – Oui, à votre père. Pour votre mère, vous ne m'avez rien dit du tout.

Laurent. – Mon père, mon père ! Mais voyons, avec ma mère, ça fait mon père avec la paire ! La paire, j'veux dire, avec mon père, ma mère ! Ça allait avec ! Ça coulait de source, quand même !

Mathilde. – Ah non ! Moi, ça m'coulait pas de source du tout, désolée.

Laurent. – Oh non ! Non ! *(Il s'effondre sur une chaise.)* Je suis mort !

Madeleine. – Ça fait déjà deux fois que tu dis ça en deux minutes. J'ai l'impression que ton travail a une certaine influence sur toi, mon chéri.

Laurent. – Je ne voulais pas que vous le sachiez.

Madeleine. – Et pourquoi ça ? C'est un métier comme un autre, et même qui demande des qualités humaines remarquables. De la dignité, du sérieux, de la réserve, de la discrétion… C'est tout toi, ça ! Et d'accompagner les gens dans la douleur, c'est important, tu sais. Tu es quelqu'un de primordial pour eux. À un moment délicat de leur vie, ta présence, ton écoute peut les aider. Moi, je suis très fière de toi.

Mathilde. – Et puis si vous avez un proche qui passe « l'alarme » à gauche, c'est pratique, vous serez aux premières loges pour avoir un prix sur les cercueils !

Laurent. – Ah ! génial ! Merci pour vos encouragements !

Madeleine. – Bon, ce n'est pas ce que j'aurais relevé en premier.

Mathilde, *désolée*. – Ben je relève ce que je peux, moi.

MADELEINE – En passant, pour votre gouverne, on dit « passer l'arme à gauche », pas « l'alarme à gauche ».

MATHILDE. – Ah oui ! C'est vrai ! J'ai confondu avec l'expression « avoir une alarme à l'œil ».

MADELEINE, *encourageante*. – En tout cas, mon chéri, c'est un boulot sûr. Pas de problème de faillite, dans cette branche !

MATHILDE. – Sauf si les gens arrêtent de mourir un jour. Mais c'est pas encore prévu.

LAURENT. – Ouais, je sais, mais c'est tellement bizarre ce boulot… Et en même temps, j'ai presque honte.

MADELEINE. – Honte ? Mais honte de quoi ? Tu es fou ! Il n'y a aucune honte à avoir !

LAURENT. – Honte… d'avoir trouvé ma journée intéressante, sûrement !

MADELEINE et MATHILDE. – Quoi ?

LAURENT. – Ça a beau être glauque, il y a une telle profondeur dans tout ça, quand on creuse un peu…

MATHILDE – On creuse à au moins deux mètres, je crois.

LAURENT, *sincère et touchant*. – Mais non, pas ça… Je parle de profondeur humaine… Ce matin, à l'enterrement, j'ai vu les masques tomber, pendant quelques minutes… Et les larmes ravalées, qui s'étouffent dans la gorge. Et aussi celles qui coulent doucement, sans bruit. Ces non-dits qui hurlent à l'intérieur. *(Les deux femmes commencent à pleurer.)* Ces gens qui ont envie de se serrer dans les bras, mais qui ne savent plus comment faire, soit par pudeur, soit parce que ça fait trop longtemps et qu'ils ont oublié le contact… C'est touchant… On peut saisir un moment de vérité si on observe attentivement. La faiblesse et la force se côtoient de si près. La mort et la vie aussi. Et ce moment de solitude pour chacun, et pourtant de lien si fort. Quelle contradiction! Tout est là, soudainement. L'essentiel. La profondeur et la légèreté de la vie.

MADELEINE, *attendrie et en larmes.* – Oh! mon chéri, mais que c'est beau ce que tu dis! Mon fils est un grand philosophe!

MATHILDE. – Arrêtez, parce que moi, je pleure aussi! *(Le téléphone sonne et elle décroche en pleurant.)* Allô! Le garage de l'amour, bonjour... Oui... Non, je ne peux pas vous répondre, il y a eu un deuil aujourd'hui... *(Reniflant.)* Merci... Oui, c'est dur... C'est qui? Je ne sais pas, attendez, je demande... *(À Laurent.)* C'est qui?

LAURENT. – Une dame qui s'appelait Francine.

MATHILDE, *pleurant de plus belle, au téléphone.* – Une dame qui s'appelait Francine!... Non, on ne la connaît pas... Et alors? C'est pas une raison! Un peu d'humanité, tout de même! Y a pas que les problèmes de turbulo-presseur dans la vie!... Hein? Allô!... *(Elle se mouche bruyamment et raccroche.)* De toute façon, ils me raccrochent tous au nez, alors.

Entrée de Bruno.

BRUNO. – Bon Dieu, mais qu'est-ce qui se passe ici?

MATHILDE. – Ah! ne jurez pas, hein! Si ça se trouve, vous serez bien content de le rencontrer quand vous arriverez au portail! Je peux prendre l'air deux minutes pour fumer une cigarette?

MADELEINE. – Mais oui, bien sûr.

Mathilde sort.

BRUNO. – Le portail? Quel portail? Mais qu'est-ce que tu racontes pour démoraliser les troupes en dix minutes, toi?

MADELEINE. – Nono, tu devrais être fier de ton fils. C'est un grand homme. Et je l'ai toujours su.

Bruno. – Amen.

Madeleine. – Je suis sérieuse ! Laurent, dis-lui.

Laurent. – Non, pas question, pas maintenant, je ne suis pas prêt.

Bruno. – De quoi ?

Madeleine, *solennelle.* – Ton fils a quelque chose à t'avouer.

Bruno, *paniqué.* – T'es pédé ?

Laurent. – Oh ! mais non !

Bruno, *soulagé.* – Oh ! ben c'est bon, je peux tout entendre alors !

Madeleine. – Les boîtes qu'il vend… ce sont des boîtes… un peu spéciales.

Bruno. – Bon, ben accouche, on va pas y passer le réveillon !

Laurent. – Non, pas maintenant, maman, laisse-moi un peu de temps…

Bruno. – Bon, c'est quoi ces boîtes ? des boîtes noires ? des boîtes de vitesse ? des boîtes de nuit ?

Madeleine. – Non, disons que ce sont des espèces de boîtes, enfin ce ne sont pas vraiment des boîtes, mais plutôt des contenants… avec des poignées…

Bruno. – Des containers ? Tu vends des poubelles ?

Madeleine, *essayant de le mettre sur la voie.* – Mais non, réfléchis… l'intérieur est capitonné…

Bruno. – Ah… Des boîtes à bijoux ?

Madeleine. – Pff… T'as déjà vu un écrin avec des poignées, toi ?

BRUNO. – Ben si c'est un gros bijou, pourquoi pas. *(Il fait semblant de porter une énorme valise en faisant quelques pas sur la scène et joue.)* « Tiens, ma bibiche, je t'ai trouvé un gros collier en diamants… » *(Il se saisit d'une caisse imaginaire qu'il prend par les poignées.)* « Et ça, c'est la bague. » *(Il pose la caisse imaginaire, avec effort, sur le bureau ou le comptoir.)*

MADELEINE. – Si tu ne peux pas être sérieux juste une minute, on ne va pas y arriver !

BRUNO. – Oh ! sérieux, sérieux… Mais vous avez vu vos têtes ? Y a pas mort d'homme, quand même !

MADELEINE. – Alors justement, tu chauffes ! Tu brûles, même !

LAURENT. – « Tu brûles » ? Oui, alors là, elle est limite celle-là, maman.

MADELEINE. – Ben quoi ?… Oh !… Oh !… Je ne l'ai pas fait exprès ! Oh là là ! Que je ne l'ai pas fait exprès ! Oh ! quelle horreur ! *(Mal à l'aise.)* Oh ! c'est pas drôle ! J'ai honte. Pardon. Pardon.

BRUNO. – Mais vous êtes tarés, ma parole ! J'y comprends rien à votre cinéma.

Entrée de Mathilde.

MATHILDE. – Ah ! la cigarette, ça m'a fait du bien… La petite urne près de la porte, c'était bien pour mettre les cendres ? Oh ! pardon…

Laurent et Madeleine se regardent, effarés, et partent dans un fou rire nerveux qu'ils tentent de réprimer.

BRUNO, *ébahi*. – Mais vous êtes malades !

MADELEINE, *essayant de retrouver son sérieux*. – Bon, on en reparle plus tard. Allez, viens avec moi, qu'on aille t'acheter un ou deux costumes avant la fermeture des magasins.

LAURENT. – Pour une fois, je te suis. Ça va me remettre les idées en place.

BRUNO. – Des costumes ? Vous m'expliquez, peut-être ?

MADELEINE. – Oh oui ! On t'expliquera tout à l'heure.

Ils sortent.

BRUNO, *ne comprenant toujours rien.* – Qu'est-ce qu'ils ont ? Vous savez, vous ?

MATHILDE. – Oh ! non, non, moi je ne sais rien du tout, je me tais, hop ! voilà, bouche cousue, avec plein de fil, terminé ! *(Elle fait le geste de se coudre la bouche et clôture le geste par un nœud.)*

Entrée de Mme Grixystzwick.

MME GRIXYSTZWICK. – Bonjour !

MATHILDE. – Bonjour, madame !

BRUNO, *à Mathilde.* – Eh bien, dites-moi, c'est de la mauvaise qualité, votre fil !

MME GRIXYSTZWICK. – Alors, j'espère que vous avez été gentil ! Je saurai vous remercier comme il se doit, à travers le magazine, de m'avoir présenté une facture honorable.

BRUNO. – C'est comme je vous ai dit au téléphone, je vous ai fait un prix : mille huit cents au lieu de deux mille, pour le turbocompresseur.

MME GRIXYSTZWICK, *un brin séductrice.* – Vous ne pouvez pas faire un petit effort ? Oh ! allez ! Ce prix-là, c'est pour les gens normaux, pas les gens comme moi… qui sont vos alliés et vont vous aider à avoir une bonne renommée !

BRUNO, *sarcastique.* – Ce prix-là, c'est pour des gens comme vous, on est bien d'accord.

Mme Grixystzwick. – Allez, on coupe la poire en deux.

Bruno, *décontracté*. – Si vous voulez. Dix euros pour moi, mille sept cent quatre-vingt-dix pour vous.

Mme Grixystzwick. – Eh ! vous avez une drôle de façon de couper la poire, vous !

Mathilde. – Vous n'avez pas précisé deux parts égales ; il est malin M. Coquillot ! Vous avez le morceau avec les pépins, vous.

Mme Grixystzwick, *agressive*. – Oh ! vous, ne vous mêlez pas de ça !

Bruno. – Doucement avec mon personnel, ma p'tite dame, doucement. Bon, pour la suite, je suis désolé mais j'ai été obligé de tarifer le prix normal.

Mme Grixystzwick. – La suite ? Quelle suite ?

Bruno. – La vidange d'hier. Vous ne pensiez tout de même pas que j'allais vous la laisser à vingt-cinq euros, quand même ? Je ne suis pas un pigeon ! Les essuie-glaces, la rotule, et je ne vous compte pas le filtre.

Mme Grixystzwick, *stupéfaite*. – Quoi ?! Mais qu'est-ce que vous me racontez ? La vidange d'hier ? Mais pour hier, nous étions quittes, il me semble !

Bruno, *calme mais ferme*. – Vous, vous l'étiez ; pas moi. Donc je vais vous demander la somme de… deux mille quatre cent cinquante euros.

Mme Grixystzwick. – Quoi ?! *(Elle sourit jaune.)* Ah ! vous me faites marcher ! Pour voir si les journalistes d' « Auto-satisfaction » ont de l'humour !

Bruno. – Non, non, pas du tout.

Mme Grixystzwick, *manipulatrice.* – Mais qu'est-ce que je vais écrire dans mon magazine, pour mon enquête ? Que le patron du garage du Virage est un escroc ?

Bruno. – Arrêtez votre cirque. Vous n'êtes pas plus journaliste que je suis bonne sœur !

Mme Grixystzwick, *déstabilisée.* – Mais s… si !

Bruno. – Je ne sais pas qui vous êtes, ma p'tite dame, et à quoi vous jouez. Sûrement que vous êtes habituée à ce genre de prestation pour embobiner les garagistes et avoir des réparations à l'œil, et je vous félicite, car l'idée est bien trouvée, et j'ai failli marcher ! Manque de bol pour vous, vous êtes grillée.

Mme Grixystzwick, *hautaine.* – Et qu'est-ce qui vous rend si sûr de vous ?

Bruno. – Mathilde a appelé la rédaction de votre magazine.

Mme Grixystzwick. – Qu… quoi ?

Mathilde, *surprise.* – Ah bon ? J'ai appelé ?

Bruno. – Mais oui, vous savez bien ! *(Il lui lance des clins d'œil appuyés.)* Et au secrétariat du journal, ils nous ont confirmé que personne du nom de Grrii… Grrr… du nom de cette dame ne faisait partie du personnel.

Mathilde, *entrant dans le jeu.* – Absolument ! Ils m'ont répondu : « Ah non ! Désolé, mais personne de ce nom-là ne fait partie du personnel ! »

Mme Grixystzwick, *avec assurance.* – C'est évident, je viens d'être embauchée.

Mathilde. – « Même quelqu'un qui viendrait d'être embauché », qu'ils m'ont dit.

Mme Grixystzwick, *même jeu.* – Mais je suis intérimaire !

Mathilde. – « Ou qui serait intérimaire », ils m'ont dit aussi.

Mme Grixystzwick, *commençant à s'énerver.* – Je vous dis que je remplace quelqu'un parti en congé maternité ! Un certain Michel !

Mathilde. – « Même quelqu'un qui remplacerait une personne partie en congé, non, on ne connaît pas », qu'ils m'ont dit.

Bruno, *bourru.* – Bon, vous arrêtez votre char, j'appelle les flics, vous allez leur expliquer ça, moi ça m'est égal !

Mme Grixystzwick. – Non ! Non !

Bruno, *haussant le ton.* – Non, mais c'est quoi votre problème ? Hein ? Dépêchez-vous parce que je perds patience, là ! Vous la crachez, votre Valda ?

Mathilde, *soutenant son patron.* – Allez, faut cracher la Valda, là ! Crachez ! Allez, crachez !

Mme Grixystzwick, *capitulant.* – D'accord… je… je ne suis pas journaliste.

Bruno, *croisant les bras.* – Et vous êtes quoi ?

Mme Grixystzwick, *penaude.* – Personne en particulier, c'est juste que j'avais une vidange à faire, que je ne roule pas sur l'or et je suis douée pour la débrouille. C'est en buvant un café lundi en ville que j'ai surpris une conversation à la table d'à côté. C'était la propriétaire d'un gîte qui expliquait à une amie qu'elle logeait actuellement une journaliste d' « Auto-satisfaction », le célèbre magazine ; ça m'a donné une idée. Vous connaissez la suite.

Mathilde, *admirative.* – Waouh… *(Bruno lui donne un coup de coude, elle se reprend.)* Alors là, c'est de l'escroquerie à l'identité !

Bruno. – Et au pauvre malheureux garagiste qui gagne sa vie honnêtement ! Eh bien, je ne vous félicite pas ! Je crois que je vais quand même appeler la police.

Mme Grixystzwick. – Oh ! ça va, n'exagérez pas ! Je n'ai tué personne. J'ai tenté d'économiser un peu d'argent, c'est tout ! C'est bon, vous m'avez coincée, et il me semble que je le paie assez cher !

Bruno. – Dépêchez-vous de payer ce que vous me devez et de déguerpir avant que je ne change d'avis !

Mme Grixystzwick. – Mais vous avez vu la somme ?! C'est exorbitant !

Bruno, *pas attendri le moins du monde*. – Vous avez joué, vous avez perdu. Vous voulez un stylo pour votre chèque ?

Mme Grixystzwick, *timidement*. – On peut payer en vingt-quatre mensualités ou pas ?

Bruno, *ferme*. – Non.

Mme Grixystzwick, *plaintive*. – Mais je vais être carrément obligée de demander un crédit pour payer votre facture, moi ! Je me sens mal… la tête me tourne… Oh ! je sens un malaise arriver…

Bruno, *pas dupe*. – Ça suffit, hein ! Vous n'allez pas me faire le coup du malaise !

Mme Grixystzwick, *perturbée*. – Ben je tente ce que je peux, au point où j'en suis !

Bruno. – Raté. Tenez, voici le stylo. *(Elle prend le stylo et hésite avant de faire le chèque. Les deux la regardent patiemment. Elle signe finalement, et tend le chèque à regret. Au moment de le lâcher, elle s'évanouit, à temps dans les bras de Bruno qui se trouvait à côté d'elle.)* Ah ! non, non, non ! Pas question ! Je vous préviens, je vous lâche ! Arrêtez tout de suite !

MATHILDE, *inquiète*. – Mais si c'était vrai, m'sieur Coquillot ?

BRUNO. – Nan, nan, nan ! C'est de la comédie, son truc ! Hé ! *(Il la secoue un peu et profite discrètement du décolleté au passage.)*

MATHILDE. – Regardez ses yeux ! Ils révolutionnent ! Enfin, j'veux dire : ils répulsent ! Moi, je crois qu'elle est vraiment « évanouite ».

BRUNO, *vérifiant d'un coup d'œil*. – Merde ! Non, mais c'est pas vrai ! J'ai pas que ça à faire, moi ! Venez m'aider !

MATHILDE. – Et comment ?

BRUNO. – Prenez ses pieds. On va l'allonger derrière le bureau. *(Ils commencent le déplacement.)* Stop ! Attendez, attendez…

MATHILDE. – Quoi ?

BRUNO. – Prenez le chèque avant les pieds.

MATHILDE. – Ça veut dire quoi, « prenez le chèque avant les pieds » ?

BRUNO, *agacé*. – Prenez le chèque que j'ai dans la main avant de la prendre, elle, par les pieds ! Allez ! *(Mathilde prend le chèque, puis ils l'allongent derrière le bureau.)* Jusqu'au bout, celle-là !… Ah ! les bonnes femmes !

MATHILDE. – Et maintenant on appelle les pompiers ?

BRUNO. – Non, non, y a pas le feu…

MATHILDE, *inquiète*. – Mais si elle est morte ?

BRUNO, *voulant se montrer rassurant*. – Mais non, mais non, elle va bien se réveiller un jour… On ne meurt pas comme ça, sans prévenir, voyons.

MATHILDE, *pas brave*. – Moi, ça me fait peur. Vous avez votre brevet de secouriste ?

BRUNO. – Non, et vous ?

MATHILDE. – Non, j'ai qu'un flocon.

BRUNO. – Quoi ?

MATHILDE. – Mais oui, vous savez, la première récompense qu'on a au ski… Mais savoir descendre une piste verte en position chasse-neige, ça va nous être d'aucune utilité ici !

BRUNO, *levant les yeux au ciel*. – Oh ! la misère… Bon, on attend, c'est pas la peine de s'affoler.

MATHILDE. – Vous n'essayez pas de la ranimer un peu ?

BRUNO. – Allez-y, vous, donnez-lui des claques !

MATHILDE. – Ah non ! J'peux pas. Faites-lui du bouche-à-bouche, vous !

BRUNO, *dégoûté*. – Ah non ! J'peux pas… *(Il jette un œil.)* Quoique… Non, préparez-lui un café plutôt.

MATHILDE, *vivement*. – Ah non ! Pas un café ! Il faut un truc pour la faire revenir, pas pour l'achever !

BRUNO. – Eh ben, un verre d'eau alors ! C'est simple, non ?

MATHILDE. – Elle ne peut pas boire si elle est allongée, elle va s'étouffer !

BRUNO, *sans pitié*. – J'avais pas l'intention de lui faire boire !

MATHILDE. – Oh ! vous êtes dur, là !

BRUNO, *reprenant la direction des opérations*. – Bon, on la relève.

MATHILDE. – Mais on vient de la mettre à plat !

BRUNO. – Oui, mais ça fait désordre. On la relève !

MATHILDE. – Par les pieds ?

BRUNO. – Par où on peut.

MATHILDE. – Oh là là ! Mais c'est pas moi la spécialiste de la levée du corps !

BRUNO. – Quoi ?

MATHILDE. – Non, rien.

Bruno la soulève et, à deux, ils la mettent tant bien que mal debout. Mme Grixystzwick est toute molle et ne tient pas sur ses jambes.

BRUNO, *encombré*. – Mais qu'est-ce que je vais faire de ça, moi ? On va la poser là… Non, là… (Il fait quelques pas sur la scène, la traînant dans tous les sens.) Je vous parie que c'est du chiqué et que si je la lâche, elle ne tombe pas. Regardez… (Il lâche, elle commence à tomber.) Ah si ! Elle tombe… (Il la rattrape au dernier moment.)

Entrée de Flagornet.

FLAGORNET. – Bonsoir ! (Affolé.) Oh là là ! Mais qu'est-ce qui se passe ici ?

BRUNO, *mal à l'aise*. – Ah ! ben, comment vous expliquer…

FLAGORNET, *s'approchant de Mme Grixystzwick*. – Oh ! dites donc, on dirait une vraie ! Qu'est-ce que c'est bien imité…

BRUNO. – Mais ça va pas, non ? C'est pas une poupée gonflable !

FLAGORNET. – Ah ! pardon ! Je me disais aussi… Et qu'est-ce qu'elle a ? Mademoiselle ? Mademoiselle ?

BRUNO. – Tenez, prenez-la, je vais chercher un verre d'eau. (Il la balance dans les bras de Flagornet qui la rattrape de justesse.)

FLAGORNET, *embarrassé à son tour*. – Mais je ne sais pas comment on tient ça, moi !

Bruno se rue pour chercher un verre d'eau.

MATHILDE, *mécontente*. – « Ça », c'est une femme, quand même ! C'est pas un sac à patates ! *(À Mme Grixystzwick.)* Madame ? Madame ? On est arrivés !

Bruno revient avec le verre d'eau et vise.

FLAGORNET. – Vous n'allez pas… Vous n'allez quand même pas…

BRUNO. – Vous pariez ? *(Il balance le verre d'eau à la figure de Mme Grixystzwick qui reprend soudain connaissance, mais reste vaseuse.)*

MATHILDE. – Eh bien, vous nous avez fait une de ces peurs !

MME GRIXYSTZWICK, *molle*. – Qu'est-ce qui se passe ? Je suis où ? Vous êtes qui ?

FLAGORNET. – Bonjour, madame. Édouard Flagornet. J'ai une Safrane.

MATHILDE, *s'adressant également à Mme Grixystzwick*. – Moi, c'est Mathilde et j'ai un vélo !

BRUNO. – Oh ! eh ! Arrêtez de nous la jouer amnésique maintenant ! Ça suffit votre cirque, vous êtes une très bonne comédienne, mais la plaisanterie est terminée.

MME GRIXYSTZWICK, *reprenant ses esprits*. – Ah ! mon Dieu ! Le garagiste ! La facture ! Le chèque !

FLAGORNET. – Calmez-vous, calmez-vous… Ça vous arrive souvent de vous évanouir comme ça ?

MME GRIXYSTZWICK. – Je suis désolée… Un stress beaucoup trop intense. La facture était tellement exorbitante que j'en ai eu un malaise.

Flagornet. – Ben alors, Coquillot ? C'est vous qui mettez les jolies femmes dans cet état ? Elle était de combien cette facture ?

Mme Grixystzwick. – Presque deux mille cinq cents euros. Moi qui ai tellement de mal à joindre les deux bouts, je ne sais pas comment je vais m'en sortir, je vais mettre des mois à m'en remettre, d'une note pareille, je ne peux plus, la vie ne vaut plus la peine d'être vécue…

Flagornet, *attendri*. – Oh là ! Ma petite madame, ne réagissez pas comme ça… Il y a toujours moyen de s'arranger…

Mme Grixystzwick, *dramatique*. – Non, tout est fini… Je n'ai même pas l'autorisation de payer en plusieurs fois… Ma vie est fichue.

Flagornet, *compatissant*. – Ah ! vous savez, les voitures ça coûte cher, je le disais encore hier !… Ne vous laissez pas abattre, je vais vous avancer l'argent et on va s'arranger pour les mensualités. Hors de question que je laisse une jolie femme dans le besoin.

Mme Grixystzwick, *retrouvant l'espoir*. – Vous feriez ça ?

Flagornet, *grand seigneur*. – La vie n'a pas de prix. *(À Bruno.)* Quel est le montant de la facture de Madame ?

Bruno. – Deux mille quatre cent cinquante exactement.

Flagornet, *royal*. – Ajoutez-la à la mienne. Ce n'est que de l'argent, vous savez… Déchirez le chèque de cette charmante dame.

 Mathilde s'exécute.

Mme Grixystzwick, *douce*. – Vous êtes mon ange gardien ? Je suis au paradis ?

Flagornet, *conquis*. – Vous êtes charmante.

Mme Grixystzwick. – Je ne sais pas comment vous remercier !

Flagornet, *sous le charme*. – Attendez-moi à l'extérieur, j'arrive. On va aller discuter des formalités tranquillement dans un bar…

Mme Grixystzwick, *séductrice*. – Vous êtes adorable. Je crois que sans vous, je mettais fin à mes jours tellement j'étais désespérée… Je prends un peu l'air pour me remettre de mes émotions… Je vous attends… À tout de suite… *(Elle sort, laissant Flagornet béat. Il revient à la réalité avec un sourire niais, devant Bruno et Mathilde qui n'en reviennent pas.)*

Mathilde. – Alors là, j'aurais jamais cru…

Flagornet. – Mais vous savez, si on ne peut pas s'aider entre humains ! N'est-ce pas ? Alors, le total, ça fait ?

Bruno. – J'ai réparé toute votre portière, monsieur Flagornet. Donc les deux factures ajoutées, ça fait quatre mille trois cent dix euros.

Flagornet. – Je vous paie. Et pour ma boîte de vitesses, vous avez regardé ?

Bruno. – Pour sûr ! Elle va tenir encore une semaine, pas plus.

Flagornet. – Ah… Eh bien, vous me reverrez la semaine prochaine ! En tout cas, merci pour votre travail, on a besoin de gens comme vous. Bon, je ne traîne pas, il y a une charmante femme qui m'attend dehors…

Bruno. – T'as qu'à croire…

Flagornet. – Pardon ?

Bruno. – Je disais : au revoir !

Flagornet. – Ah oui ! Au revoir, au revoir… *(Il sort.)*

Mathilde – Parce que vous croyez qu'elle ne l'a pas attendu ?

Bruno. – Cinq… quatre… trois… deux… un…

FLAGORNET, *off.* – Voleuse ! Garce ! Pirate ! Détrousseuse !

BRUNO, *fataliste.* – Et voilà.

FLAGORNET, *off.* – Salooope !!!

MATHILDE. – Pour être douée, elle est douée !

BRUNO. – Et pour être con, il est con !

MATHILDE. – Quelle journée ! Il n'y a plus qu'à attendre le retour de votre fils pour le bouquet final !

BRUNO. – Pourquoi vous dites ça ? Non, allez, partez, vous avez fini votre journée.

MATHILDE. – Ah ! ben non ! Je reste encore. Je veux voir le spectacle.

BRUNO. – Mais de quoi vous parlez ?

MATHILDE. – Je veux voir votre tête quand votre fils va vous annoncer qu'il est croque-mort.

BRUNO, *effaré.* – Hein ?!

MATHILDE, *instinctivement.* – Hein ?

BRUNO. – Quand mon fils va m'annoncer quoi ?!

MATHILDE, *réalisant sa gaffe.* – Ah nooon ! Ça m'a échappé ! Oui, mais bon, je me retiens depuis hier aussi ! Y a un moment, ça déborde chez moi !

BRUNO, *déconcerté.* – Qu'est-ce que c'est que cette histoire ?

MATHILDE, *confuse.* – Oh non ! Je suis désolée, j'ai gâché la surprise. Votre fils a été embaumé, euh… embauché aux pompes funèbres, mais il avait peur que vous vous moquiez, alors il ne vous l'a pas dit, il avait honte au début, mais finalement il aime bien les morts.

BRUNO, *stupéfait.* – C'est… une… blague ?

MATHILDE. – Non, je ne rigole pas avec ça. On dirait qu'il a trouvé sa voie, et c'est pas une voie de garage.

BRUNO, *même jeu.* – Et sa mère le sait ?

MATHILDE. – Oui. C'est pour ça qu'ils sont partis acheter des costumes. Pour son travail.

BRUNO, *comprenant soudainement.* – Bon sang de bonsoir !

MATHILDE. – Du coup, je voulais rester mais je crois que je ferais mieux de partir, avec la gaffe que je viens de faire !

Entrée de Madeleine et Laurent, les bras chargés de sacs.

MADELEINE. – Et nous voilà de retour ! Ça va ? Eh bien, Mathilde, nous allons pouvoir vous libérer.

MATHILDE, *un peu penaude.* – Je me suis libérée un peu, déjà.

MADELEINE, *gentiment.* – Êtes-vous contente de vos deux jours ? C'était la première fois que vous veniez travailler dans un garage, vous avez appris des choses ?

MATHILDE. – Oh oui ! Plein ! Votre mari m'a expliqué ce que c'était qu'une capote, entre autres.

MADELEINE. – Pardon ?

BRUNO. – Je te raconterai l'histoire, Mado…

MATHILDE. – Bon, alors je vous laisse… Peut-être à une prochaine fois, si vous avez d'autres grains de beauté mal placés…

MADELEINE. – Peut-être.

MATHILDE. – Et pour vous, eh bien… on se reverra peut-être… En tout cas, c'était très intéressant. Un peu spécial, mais intéressant !

BRUNO. – Vous pourrez repasser, on vous offrira un petit café.

MATHILDE. – Un thé, plutôt, hein…

BRUNO. – Comme vous voulez.

MATHILDE, *sensible*. – Alors, au revoir… Je m'étais déjà attachée à vous.

LAURENT, *souriant*. – À bientôt ?

MATHILDE. – Alors vous, si je vous revois, c'est plutôt mauvais signe… Au revoir… *(Elle sort.)*

BRUNO, *narquois*. – Personne n'a entendu un bruit de violons ?

LAURENT. – Oh ! c'est bon…

BRUNO, *insistant*. – Mais si, juste derrière le bruit d'un p'tit cœur qui se brise !

LAURENT, *se défendant*. – N'importe quoi.

BRUNO. – Alors, fiston, tu t'es rhabillé pour l'hiver ?

LAURENT. – Oui, j'en ai besoin pour le boulot.

MADELEINE. – Je monte tout ça là-haut, je vous laisse entre hommes. *(Elle sort avec les sacs.)*

BRUNO, *après un temps d'hésitation*. – Alors ?

LAURENT. – Quoi ?

BRUNO. – Ça te plaît, ce boulot de vendeur de boîtes ?

LAURENT. – C'est spécial, mais j'aime bien.

BRUNO, *tentant une approche*. – De toute façon, tout le monde a besoin d'une boîte à un moment ou un autre. Y a pas de sot métier.

LAURENT. – Oui, je sais…

BRUNO, *un peu gauche.* – Le principal, c'est de bosser.

LAURENT, *un peu mal à l'aise.* – Oui…

BRUNO, *même jeu.* – Tu feras juste attention à ne pas t'y laisser enfermer…

LAURENT. – Dans quoi ?

BRUNO, *après un silence.* – Dans la routine…

LAURENT, *le regardant en coin.* – Mmm mmm…

BRUNO, *touchant par sa maladresse.* – Tant qu'on est vivant, c'est l'essentiel. Et si t'as des clients qui ont des problèmes de bagnole, tu me les envoies… Sauf si leur voiture est morte, elle aussi…

> *Laurent s'aperçoit que son père a compris. Scène touchante où on observe une complicité silencieuse. Ils échangent maladroitement un geste affectueux, mais plein de pudeur.*

LAURENT. – Merci 'pa. *(Il sort.)*

BRUNO, *accusant le coup.* – Oh ! putain !

> *Entrée de Mme Delahouste.*

MME DELAHOUSTE. – Pardon, il est un peu tard, j'ai eu un contretemps ; j'espère que vous ne m'attendiez pas pour fermer ?

BRUNO, *reprenant du poil de la bête.* – Mais pas de souci, ma p'tite dame ! Tenez, votre toute petite facture, elle est prête.

MME DELAHOUSTE, *souriante.* – C'est gentil. Vous m'avez bien rendu service. J'apprécie votre geste.

BRUNO, *charmeur.* – Ah ! vous retiendrez le nom du garage du Virage ! En haut de la liste, hein, pour votre enquête ! Comme ça, on sera quittes !

Mme Delahouste, *surprise.* – Mon enquête ?

Bruno. – Oui, votre grande enquête sur les arnaques des garagistes ! En citant Coquillot comme le garagiste le plus honnête, le plus commerçant de toute la région, ce sera parfait. Et puis, entre nous, avouez que c'est mérité.

Mme Delahouste. – Oui, c'est mérité, mais… pardon, je ne vois pas de quelle enquête vous parlez… Je ne suis pas en enquête actuellement.

Bruno. – Comment ça ?

Mme Delahouste. – Je suis en vacances dans la région, j'ai loué un gîte pour la semaine avec mon fiancé. Il n'y a aucune enquête prévue par le magazine en ce moment, ni classement de garagistes !

Bruno. – En vacances ? Vous êtes en vacances ?

Mme Delahouste. – Eh oui ! Et mon dîner aux chandelles s'est terminé en proposition de mariage. Je suis la plus heureuse des femmes !

Bruno, *catastrophé.* – Non, mais c'est pas vrai ! C'est bien ma veine !

Mme Delahouste. – Ah ! désolée si vous êtes déçu… Alors, tenez, je vous paie…

Bruno. – Merci, mais attendez… Vous êtes là encore quelques jours ?

Mme Delahouste. – Oui, jusqu'à dimanche.

Bruno, *retrouvant sa nature.* – Alors faudrait songer à repasser rapidement. J'ai pas voulu vous le dire, mais votre joint de culasse, il est bon à changer !

Mme Delahouste. – Quoi ? Vous êtes sûr ?

Bruno. – Ah ça ! Vous pouvez me croire ! Vous n'allez pas rouler
comme ça… Attendez que je regarde mon agenda…

FIN

AVIS IMPORTANT

3e trimestre 2014
1re édition, dépôt légal : juillet 20014
N° d'édition : 201441
ISBN : 978-2-84422-961-8